# 給明明年輕，卻覺得活著好累的你

即使「太過敏感」「容易受傷」
也要愛自己的方法

長沼睦雄
十勝むつみ私立醫院院長　精神科醫師
Mutsuo Naganuma

楓書坊

# 前言

「抬頭向上看吧。」
這是我經常掛在嘴邊的一句話。
「每當感到痛苦，覺得無處安身時，就抬頭看看天空吧。
即使四面八方都擁塞、封閉了，天空依然廣闊無垠。
所以抬頭向上看吧。
試著向上跳吧。
想逃避時，只要往上逃就可以了。」

這本書，是為了讓你能向前踏出一步而存在的書。

☐ 心靈不平靜，對很多事感到痛苦，總是被負面情緒擊垮。

□ 早晨醒來時，想到「又是一天的開始」就會無端感到憂鬱。
□ 已經沒辦法再開懷大笑了。
□ 沒有人能了解我，經常感到孤單。

寫這本書的初衷，是希望擁有上述症狀的人都能因為這本書找到出口。這本書不只是寫給大人，更希望正處於青春期的你們都能好好閱讀。

我是名醫師，在北海道帶廣市開設了一間精神科診所。心中藏著深思愁慮，內心已經生病的人都會前來求助。如果有必要，我當然會輔以藥物治療，但我認為盡量還是不依賴藥物為好。以此為方針，我會在經過各方面的嘗試探討後，找出最適合當事人的治療方式。

在心病這一塊，如果患者本身沒有「接受治療恢復健康」的想法，是很難順利痊癒的。

簡言之，患者本人一定要抱持著「我一定要治好自己」的堅定信念才行。

**「最重要的是知識、心態和行動這三點。」**我總是對患者這麼說。

當患者無法理解時，我會向陪伴的家屬仔細說明以下三點——

①首先，要讓對方清楚知道「這種疾病究竟是什麼，為什麼會變成這樣，在治療的過程中會採取哪些方法」。

②切勿有「某人能幫我脫離苦海」的想法，而是要堅定抱持著「我一定會痊癒」的積極心態。

③為了治療必須採取的行動。

首要之務，就是讓對方理解以上三點步驟的重要性。

具備了知識，患者本人就能融會貫通，並恍然大悟：「原來如此，只要這麼做就可以了啊。」畢竟因不了解而對病情束手無策這種事，實在太常發生了。

會踏進精神科診所尋求幫助的人，多半是精神狀態已經被逼到走投無路了。在步入泥足深陷的困境前，你會採取哪些行動呢？至少會先想辦法從書籍或網路查詢資料，試著了解自己的症狀吧？當然也有些人選擇什麼都不做。

放棄了主動為生病的自己盡一分心力，或許是以為只要看過醫生，病情就能像變魔術一樣得到妥善的治癒吧。

很遺憾，如果是抱著這樣的心態，病情是不可能得到改善的。

不過，只要具備了相關的疾病知識，即使原本不甚積極的人也會改變態度，正視自己的病情。

等患者做好心理建設後，再一起商討該用怎樣的方式進行治療，將紙上談兵轉換成實際行動。

向上跳躍的方法，還有可採用的行動模式多不勝數。

「繼續待在現在的環境裡，你只會被家人壓得喘不過氣，直至精神崩潰。所以快點逃離吧。」

只要這麼說，有些人就會離開家庭，開始自立生活。

住在大城市裡的患者說：「我的心已經千瘡百孔，活著真的好累。」我給出的建議是「帶廣有很多自然景色，還有很多好吃的東西喔」；聽我這麼說，對方便放下繁重的工作，蹦蹦跳跳地跑來了。

那個人在大自然的包圍中，悠閒地度過一個月左右的時間，就完全恢復精神、健健康康地打包回家了。

雖說要擺正心態，卻也不用像上戰場那樣隨時繃緊神經。

**究竟該怎麼做才能讓自己變得輕鬆呢？其實只要聽從心裡的聲音，並踏出那一步就好了。**

轉換成實際行動後，狀況也會隨之改變。

本書內容分成兩大類。

前半段的第一章至第四章為「知識篇」。匯整了覺得活著很艱難的你所該知道的各種知識。

後半段的第五章～第八章則是「挑戰篇」。該抱持怎樣的心態、採取怎樣的行動才能打破現狀，內容囊括具體的實行方法。

即使心中一片混沌，但只要擁有自我治療的能力，不只心情能輕鬆許多，也會活得更容易些。

閱讀完本書後，無論是多微小的事，請試著將其中至少一件付諸行動吧。

我誠摯地希望能助你踏出這小小的一步。

希望你能試著向上跳躍。

我會盡全力為你加油，願你的臉上能浮現出發自內心的笑容，活得比現在更輕鬆愉快，精力充沛地度過每一天。

目錄

# 挑戰篇

# 知識篇

~為什麼你覺得活著很痛苦？~

# 1

# 認識壓力的真實模樣

今天的第一節課是我最不擅長的數學啊……。
叮
好鬱悶啊……。
咔啦
唉……
咔啦
咔啦
啊！
咔啦
那傢伙在搞什麼啊？
有夠蠢的
咔啦

好倒霉……
咔
啦咔啦
24
上次的小考考卷發下去囉。
30分以下的同學放學後要留下來補習喔。
胃好痛啊……。
絞痛
絞痛

## ▼壓力究竟是什麼？

首先，讓我們重新反思一下，每個人都必須承受的壓力究竟是什麼。

壓力——這個詞彙平時就經常被人們掛在嘴邊。

你會在什麼情況下使用呢？

覺得痛苦，感到緊張，背負重荷，或是心情焦慮不安時……。

差不多是這種感覺吧？

所謂壓力，是指**「在受到某種刺激時，對身體或心理造成負擔的狀態」。這一點請大家牢記在心。不只是心理，對身體同樣也會造成負擔。壓力帶來的影響會表現在身心兩方面。**

這裡有顆圓滾滾的氣球。一按壓表面，就會凹陷。原本圓滑的外表也因受到擠壓而扭曲變形。這就是施加了壓力後的狀態。也是面對刺激時所產生的「緊迫反應」。此時，來自外界施加的力量所感受到的刺激就是「壓力源」。

形成壓力的原因，不會只是單純的一個或兩個外來刺激，而是許多繁雜的因素穿插交錯而造成的結果。氣球疲軟無力、坑坑窪窪的模樣，正像是此時此刻的你。為了避免這顆氣球再也無法承受更多、突然「啪」地應聲爆裂的狀況發生，必須事先做好防範對策才行。

你得試著去了解壓力究竟是什麼，又是因為什麼原因才會發生在自己身上。

## ▼壓力源有各式各樣不同的種類

試著思考一下你的壓力源自何處。

最容易造成國中生、高中生壓力的主要因素大略歸為以下幾項。

**• 生理上的壓力**

步入青春期後的身體變化、外貌、健康狀況亮紅燈、睡眠不足等。

**• 校園生活的壓力**

朋友間的關係、前後輩間的關係、不擅長的事、成績、對未來發展感到不安等。

**• 家庭的壓力**

和父母／親人間的關係、讀書考試、上補習班、談戀愛、異性關係、在電玩或社交網站上發生的麻煩、父母感情不睦或是離婚等。

刺激不僅限於外來的影響。心裡的感受、欲望也會在無形中形成壓力。

除此之外，在所處環境中感受到的冷熱、氣味、聲音，或是颱風、洪水、地震等造成的災害同樣也會演變成壓力。

有些人感受力特別強，會看見一般人看不見的東西；有些人則共感能力高於常人，容易被他人的情緒左右，因為這些原因形成壓力的情況也是有的。

## ▼需要特別注意會造成精神創傷的壓力！

特別需要注意的是遭受劇烈打擊後所造成的狀況。因過大的衝擊，在心裡留下了難以抹滅的傷痕。這就叫作「精神創傷」。

以下列舉一些狀況：

- 經歷家人或朋友的死亡，失去珍視的寶物等悵然的經驗。
- 經歷意外、犯罪、暴力、性侵等事件。
- 經歷地震、火災、颱風、洪水等天災。
- 被捲入恐怖攻擊、暴動、戰爭等危急的社會局勢。

這些狀況都很可能演變成精神創傷的強烈壓力，也容易對身心留下深遠的影響。

失去珍視的寶物在這裡指的不只是「某樣東西」，其他例如父母離婚後只能跟隨其中一方、或自此被迫獨立不再跟著任何一方，抑或在考場發揮失常、經歷痛徹心扉的失戀等都包含在內。

背負巨大的壓力或長時間與壓力為伍，都會侵蝕身心的健康。

以氣球為例，即使稍微施力按壓，裡面的氣流還是能使氣球恢復原狀。但若長時間以強大的力道不斷按壓，氣球就會扭曲變形，再也無法恢復原本飽滿的狀態。這就是承受了過大的壓力造成疾病的狀況。

人類或多或少都具備了應付壓力的能力，但當壓在身上的負荷超越可承受的範圍，且還不斷增加時，大腦就會發出「糟糕，我無法再應付下去了」的訊號。

氣球也不全都會「啪」地一聲直接破裂爆開。多半是出現了不細看就很難發現的小破洞，空氣就是從這些小洞中慢慢流逝。不過只要把破洞堵上，將空氣灌入，氣球又能恢復原本圓潤飽滿的模樣了。

**在徹底乾癟、無法拯救前，只要給予「適當的處置」就不用擔心走向滅亡。**

## ▼壓力不全然都是壞處

到此為止提及的都是壓力帶來的壞處，但其實壓力也有好的一面。

因為適當的壓力是可以轉換成帶來幹勁的能量。

看著努力奮鬥的運動選手時，有些人心裡會冒出「這個人的意志好堅強，他應該不太會緊張或感到壓力吧」的想法。但這個世界上怎麼可能有人完全沒有壓力。不過是有足夠的能力去應付壓力帶來的負面情緒罷了。

在重要的比賽中落敗時，運動選手不會把這件事當成可憎的、消滅志氣的遺憾。因為他懂得把這次的失敗轉化成繼續為下一場比賽努力的原動力，反而會對自己說：「加油，下次一定要贏得勝利！」

**壓力即是提升幹勁的能量。「如果不曾失敗，或許就不會為此下這麼多苦心」，壓力除了是最佳的能量原料，也能在面對某些狀況時成為一鼓作氣的爆發力。**

這是要參與許多比賽，累積無數經驗，才能懂得「這種時候只要這麼做就好」的多方學習成果。

經歷過壓力，學會如何面對壓力的技巧後，就多一分消融不安的力量。接著再一步步提升自己的應對能力，壓力就不再只是造成負面情緒的因素了。

我們將此稱之為**提升「抗壓性」**。

總是抱著「這只會讓人心情不好」、「我對這種事真的很不擅長啊」這樣的想法而鑽牛角尖，曾經歷過的壓力就會成為心頭的一道傷疤。反之，若能換個心態，對自己說：「經過這一次，下次再發生同樣的事就能有個借鑑了。」像這樣在失敗中學習成長，便能夠增強抗壓性能量。

例如在國中學測時，考出不盡理想的成績。你心裡一定很難受，覺得天都快塌下來了吧。

「我真沒用」、「我就是個笨蛋」為此而長時間悶悶不樂的人，就會因這一次的失敗造成心理的創傷。

不過只要換個想法，對自己說：「這次的確沒有考好，但這種懊惱的感覺我不想再經歷第二次了，高中聯考我絕對不會再搞砸！」就能將考試失利的經驗轉換成一種「良性壓力」。

所以說，真的不需要將壓力當成什麼窮凶惡極的洪水猛獸來對待。

## ▼感受壓力的大腦構造

感受到壓力時，大腦內部究竟會發生哪些狀況呢？

接下來要談論的是稍微偏向科學領域的話題，內容非常重要，請不要覺得艱澀就跳過這一段。

掌管壓力反應的部位分別是「小腦扁桃體」和「下視丘」兩處。

小腦扁桃體位於顳葉內側，是「邊緣系統」中呈杏核狀的神經細胞。主要處理情緒波動和感情，尤其與焦慮、恐懼息息相關。這一點請牢記在心。

下視丘位於大腦腹面、視丘的下方，負責調節「自律神經系統」、分泌荷爾蒙、傳達訊號等工作。對於壓力帶來的緊迫反應，下視丘同樣占有十分重要的地位。

面對刺激感到焦慮或恐懼時，小腦扁桃體會率先變得亢奮。

↓

接收到小腦扁桃體的訊號後，下視丘會向大腦的各個部位發出指令。

↓

指令傳到腎上腺後，腎上腺會開始分泌被稱為壓力荷爾蒙的物質。腎上腺皮脂分泌皮脂醇，腎上腺髓質分泌腎上腺素、去甲基腎上腺素等荷爾蒙。

↓

隨著血液循環至全身，引發亢奮反應。

## 壓力產生的組織結構

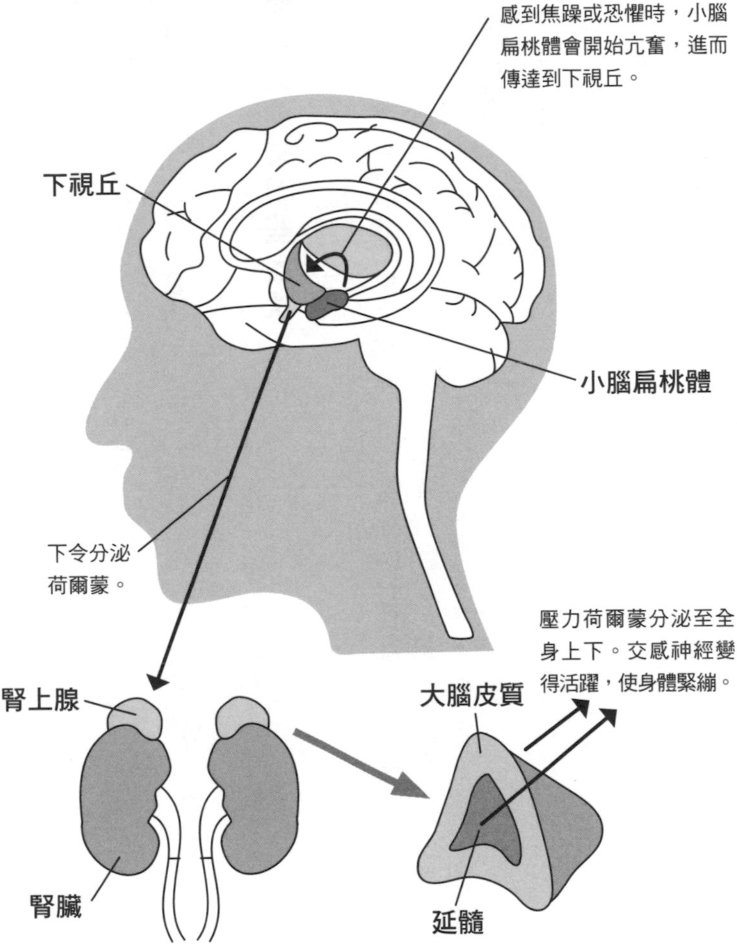

感到焦躁或恐懼時，小腦
扁桃體會開始亢奮，進而
傳達到下視丘。
下視丘
小腦扁桃體
下令分泌
荷爾蒙。
壓力荷爾蒙分泌至全
身上下。交感神經變
得活躍，使身體緊繃。
腎上腺
大腦皮質
腎臟
延髓

當壓力荷爾蒙分泌至全身上下，自律神經系統中的交感神經會變得活躍，造成血管收縮，使人感到緊張。

這就是壓力產生的組織結構。也稱為「焦慮迴路」或「恐懼迴路」。

## ▼壓力會產生哪些症狀

壓力會帶來各式各樣的反應與症狀，以下整理出具代表性的幾種類型：

### ●心理上的症狀

□ 坐立不安

□ 情緒低落

□ 緊張

□ 感到強烈焦躁或恐慌

□ 無精打采

● **生理上的症狀**

□ 嚴重的心悸

□ 沒有食慾（或反過來暴飲暴食）

□ 頭暈目眩

□ 胃痛、肚子疼

□ 睡不著

□ 感到疲勞、四肢無力

● **出現在行為舉止上的症狀**

□ 暴怒（對人口出惡言、引發口角、或找東西發洩怒氣）

□ 哭泣

□ 不吃飯、或是暴飲暴食
□ 把自己關在屋子裡
□ 逃避造成壓力的主要原因
□ 莽撞躁進

除了精神上與身體上的症狀外，壓力也會表現在個人的行為舉止。

青少年，尤其是十至十五歲的青少年，**多半不會意識到發生在自己身上的症狀，其實與心理問題息息相關。**

例如胃痛與壓力之間的關係，對於壓力問題有一定了解的大人幾乎都很清楚，但國中生裡又有幾個人具備這方面的知識呢？

背負壓力的狀況若持續過久，就會進一步變成名為「壓力障礙」的疾病。

所以千萬不能對壓力置之不理，必須及時處理才行。

## ▼當焦慮迴路過於活躍時……

當小腦扁桃體發出過多的警戒訊號時，焦慮迴路就會一再反覆運作。

人類的大腦中存在著會引發好奇心，進而下達活躍行動指令的「行為激活機制（冒險機制）」，以及規避危險的「行為抑制機制（警戒機制）」。

若焦慮迴路長時間過度活躍，作為警戒機制的抑制力道便會隨之加劇。令人不敢再冒險，不願再接受挑戰。在有所行動之前，大腦已先一步踩下煞車。

正因如此，焦慮迴路特別發達的人經常會躑躅不前。更甚者，在待人接物方面也很容易陷入負面思考中。

前文提過壓力也可以當作加分項來看待（↓19頁）。即使形成了壓力，只要能將其認定為「良性壓力」，人體內的冒險機制依然可以照常運轉。

相對地，若焦慮迴路的反應過於激烈，則會形成負面的臆想。每當面臨挑戰，心裡就會冒出「我可能還是辦不到」這種怯懦的想法。因為太害怕失敗了，反而會親手阻斷自己的人生發展。

無論焦慮或恐懼的情緒再怎麼強烈，只要確實與負責處理知性、冷靜判斷對錯的理性迴路銜接上，仍能取得身心上的平衡；可若是銜接的方式不恰當，恐怕會使人更加悲觀。

偏向悲觀的壓力狀態若長久持續下去，必定會造成疾患。其中最大的原因，莫過於自律神經失調了。

## ▼自律神經與「體內平衡」

自律神經系統與壓力的傳遞有著相輔相成的緊密關係。不過，自律神經究竟是怎樣的神經呢？

在解釋自律神經系統之前，我們要先理解為了維持生命機能，人類的大腦具有使身體保持在穩定狀態的功用，也就是「生物的恆定狀態（體內平衡）」。以酷暑為例。大家都曾經歷過氣溫高達三十九度、四十度這種異常燠熱的日子吧？人體的體溫一般維持在三十六度上下，若體溫飆升到四十度左右，身體就會感到痛苦不適。

問題來了，即使氣溫達到四十度，體溫卻不會因此升高是什麼原因呢？這是因為不管外界的氣溫上升或下降，大腦都會下達指令，讓體溫維持在一定的安全範圍內。

血壓、心跳律動、消化系統同樣都是如此。

為了不讓身體步入危險的狀態、造成生存危機，大腦會自動進行控制管理，這就是體內平衡機制。至於自律神經，則是用以維持體內平衡的中樞神經。

自律神經系統分為「交感神經」和「副交感神經」兩種類型。

說的再淺顯易懂點，交感神經是促進興奮與行動力的神經，副交感神經則是提醒放鬆精神和休息的神經。

自律神經系統遍布身體的每一處，就連微血管中都存在著纖細的神經網路，能調節心臟的跳動頻率、腸胃蠕動、維持體溫、血壓等身體機能，亦會向身體各部位傳達指令。

交感神經與副交感神經常會互相調節取得平衡，讓身體保持在舒適合理的狀態。

## ▼自律神經、荷爾蒙、免疫系統間的連鎖關係

在背後默默支援體內平衡運作的三大支柱，分別是神經、荷爾蒙和免疫系統。這三大支柱會互相連結，以調整身體的狀態。

長時間承受過多的壓力時，負責讓身體恢復正常狀態的能力會被耗弱，首先遭到

破壞的就是自律神經的平衡。

若自律神經的中樞系統紊亂失序，原本交感神經該上線運作的時候，也會無力執行自己的任務。

在自律神經系統正常運作的情況下，一到早上交感神經就會開始變得活躍，身體也會自動切換成活動模式。順帶一提，如果交感神經的運作不夠順暢，血壓就無法順利提升。如此便會造成頭暈目眩、難以起床、走起路來踉踉蹌蹌、食慾不振等症狀。由於血液循環不良，身體會變得倦怠，人也容易感到疲憊。

大腦的下視丘與荷爾蒙（內分泌系統）有著密不可分的連結關係。從下視丘到腦下垂體，再到腎上腺為一套循環流程，但若自律神經失調，腎上腺當然會受到影響，緊接著內分泌系統也會出現異常。

內分泌系統的異狀會使免疫系統失常。免疫系統若無法正常運作，就容易受到感染，產生過敏現象。此外，有七成的免疫細胞都是由腸道生成，一旦腸道運作不良，就會造成腹痛等問題。

簡言之，壓力之所以會對身體帶來這麼多影響，正是體內的系統結構一環接一環的關係。

## ▼藥物無法醫治自律神經失調

你有聽過「自律神經失調症」這個說法嗎？

或許有些人曾被周遭的大人指出「你這就是自律神經失調啊」。

可是，自律神經失調並不能算是具體的病名。

醫生在診斷病症時，通常會使用正式的病名，也能作為向患者解釋病症的指標。但自律神經失調症並不包含在其中。

自律神經失調症一般被定義為「自律神經系統的平衡遭到破壞後產生的症狀」，

說起來就只是一種「狀態」罷了。

說得再詳細一點，自律神經失調是無法靠藥物醫治的。因為自律神經原本就是無法從外界操控的神經系統。如果自律神經系統能從外界輕易干預調整，就沒辦法好好維持體內平衡了。就如同安裝了重要資料的智慧型手機或電腦核心遭人從外界入侵、擅自操控，豈不是會釀成大禍嗎？人體也是同樣的道理。

正因如此，若自律神經系統失調了，絕不是到醫院讓醫生開個處方箋，吃吃藥就能解決的事。

不過藥物確實能抑制痛苦難受的「症狀」。譬如吃了止痛藥或整腸劑後，或許就能減緩頭痛或肚子痛。像這樣緩和部分症狀的治療方式稱為「對症治療」。

可是對症治療只能讓患者暫時感到輕鬆，無法解決根本的問題。已經紊亂的自律神經系統也並沒有得到醫治。

那麼，到底該怎麼做才能得到有效的治療呢？在本書後半段的「挑戰篇」會有詳細的介紹，但最有效果的治療方式無疑是放下一切好好休養。放鬆心情，徹底消除長期累積的緊張與疲勞才是最理想的結果。現在你只需要牢牢記住這一點就夠了。

## ▼適度的壓力亦有其必要

所謂壓力，不過是程度多寡的問題。過度的壓力有害健康，但完全沒有壓力也不是件好事。

對學生族群來說，考試應該是最大的壓力來源之一。你是不是也曾在心裡偷偷想過「要是世界上沒有考試該有多好」。

不過正因為有考試的存在，才會湧起「必須用功讀書才行」的向上心。如果完全沒有考試，在課堂上就不會像現在這樣認真聽講，對回家作業也會抱著「反正不做也無所謂」的隨意態度。

是考試帶來的緊張感，讓學生能更認真向學。

其實不管什麼事都是如此。若沒有絲毫緊張感，就會變得太過鬆懈。

適度的壓力會讓人變得更好。

前面我們聊過了冒險機制與警戒機制，過度的警戒會演變成過度抑制，導致喪失行動能力。

但若是不懂恐懼為何物，以為什麼事都能一往無前，那也是非常危險的。十幾歲青少年的大腦多是偏向說做就做，並不會考慮動手後所要承擔的風險。或許這麼做會得到好的結果，卻也實實在在地讓自己置身於危險之中。

**當自己體內湧現出「不是很舒服」或「覺得可怕」的感覺時，請務必慎重對待。**

從身體裡湧現的消極情緒或不適感，都是有其存在意義的生物本能。

當你注意到某些微不足道的小事，心裡冒出「嗯？這是怎麼回事？」的疑惑時，就是大腦發出警訊要求你停下腳步了。這是大腦為了讓你避開危險，並保護好自己而特意發出的信號。

若是能夠謹慎對待這些情緒或感覺，那麼你就已經獲得人生在世十分重要的一種能力了。

# 2

# 青春期的大腦、身體與心靈

今天綁了一個跟平時不一樣的髮型……
會不會很奇怪啊？
咦，這不是亞由美嗎？
這個髮型好像不太適合妳耶～
哈哈哈

去拆掉好了……
垂頭喪氣……
…？
妳看
超搞笑的！
討厭啦～
哇哈哈哈哈
嘰嘰～
喳喳～
她們是不是在嘲笑我……？
忐忑
不安

### ▼玻璃心

青春期常被說成是「多愁善感的年紀」。「多愁善感」是指非常敏感、容易受到傷害的意思。

正如字面上的含意，青春期對各種外來的刺激都相當敏感。他人無心的一句話或一個舉動，可能就會狠狠刺傷青少年的心，引發暴怒發火等激烈的過敏反應。

大眾普遍認為，青春期的少年少女都有一顆易碎的玻璃心。就像纖細脆弱的易碎品。而且，**破裂的碎片尖端不只會刺傷自己，也很可能傷害到別人。容易受傷，同時也會輕易傷害別人是其特徵**。

與其說是個人的性格問題，其實正因為是青春期，所以才會發生這些狀況。

不管是暴躁易怒，還是動不動就覺得受傷，因為焦慮造成心中難以平靜、煩躁不安、起伏不定，身體狀況時不時出現問題，這些都是因為處於青春期，才會對身心帶來諸如此類的影響。

就算不理解「自己為什麼會變成這樣」而感到憂愁，其實也不用過於擔心，只要試著理解其中的原因，自然會明白「不過就是這麼回事」罷了。如此一來，心情也會變得輕鬆許多。你該知道的是青春期只是人生的一段過程，暴風雨過後必然會有結束的一刻。

## ▼青春期的敏感會觸發體內的荷爾蒙

人類的青春期大約是從十歲到十七、十八歲左右。

這段時期的性激素分泌相當旺盛，伴隨著肉體與精神的各種變化，人也一步步成長茁壯。

最顯而易見的，莫過於身體發生的變化。

女生的胸脯會漸漸隆起，每個月來一次生理期，開始長出腋毛和陰毛，胸部與臀部等部位的線條體態都變得更加圓潤飽滿。

男生則會經歷變聲的階段，下巴冒出鬍鬚，身體長出腋毛和陰毛，同時睪丸也加速發育，迎來勃起和夢遺。

性激素帶來這些身體上的變化——由「腦下垂體」分泌出男性荷爾蒙中的「睪酮」、女性荷爾蒙中的「雌激素」、還有令孕激素發揮作用的「助孕酮」。

性激素從孩提時代就一直存在每個人體內，直到卵巢、精巢開始活躍運作，在青春期頻繁分泌，使性徵趨於成熟。

更重要的是，性激素還會對大腦產生影響。

尤其是對「小腦扁桃體」引發的刺激。小腦扁桃體——也可以說是壓力的出處（↓21頁）。專司處理情緒波動與感情，更是和焦慮、恐懼息息相關的部位。

在荷爾蒙的刺激下，小腦扁桃體會因敏感反應而變得亢奮。換言之，焦慮與恐懼的情感會被放大，情緒容易失控暴衝。

情緒不穩定、焦慮加劇、還有動不動就暴躁易怒的理由，都是因為荷爾蒙動搖了小腦扁桃體。

## ▼大腦還沒有徹底成型？

近年來，腦科學領域又有了全新的發現。

過去學界普遍認為到了十七歲左右，青少年的大腦已如成人般發育成熟了。然而，依照**腦科學驗證實驗得出的結果，人類的大腦似乎要到二十五歲以後才足夠成熟到可以獨當一面**。

大腦一般是從後至前逐漸成熟。前額葉皮質被認為是最晚成熟的大腦部分，主要功用為抑制情感與衝動。只要前額葉皮質好好運作，就能與大腦的其他部位保持緊密連結，掌控情緒的高低起伏。這才是真正成熟的大腦。

相較於此，青春期的大腦由於產生焦慮與恐懼情緒的小腦扁桃體太過活躍，加上掌控抑制機能的前額葉皮質也尚未發育完全，總是處於煞車失靈的狀態。

無法抑止情緒爆發、暴躁易怒的原因就出在這裡。身體雖然早一步長大成熟，大腦卻還沒有發育完全。

## ▼身體不適又是什麼毛病？

在快速成長的過程中，荷爾蒙失調經常會引起各式各樣的身體不適症狀。

以下簡單列舉幾項正值青春期的國、高中生在諮詢時最常提出的症狀：

□ 早上爬不起來。頭痛劇烈，想起身時會因頭暈導致站立不穩。

□ 脾胃虛弱。一緊張肚子就會咕嚕直叫，突來的絞痛讓人難受。

□ 白天總是不由自主地打瞌睡。

□ 偶爾會因為無法呼吸而痛苦不已，很擔心自己會不會就這樣死掉了。

## ●早上起不來、身體不舒服，這就是「起立性調節障礙」

早上起不來應該是很多人都有的煩惱吧。

我再詳細列舉幾種起立性調節障礙會出現的症狀。

- □ 早上爬不起來
- □ 暈頭轉向
- □ 突然起身或站立過久時會感到暈眩
- □ 狀況不好老是發呆
- □ 頭痛
- □ 胃痛、肚子疼
- □ 臉色蒼白
- □ 食慾不振
- □ 噁心想吐

□ 身體疲乏
□ 稍微動一下就氣喘吁吁
□ 搭乘交通工具容易暈眩

有些人符合其中幾種症狀，有些則是包攬上述的所有症狀。起立性調節障礙多半以前面解釋壓力時提及的「自律神經」失調為主要原因，症狀也多有重複。

## ●脾胃虛弱的肇因是大腸激躁症

一緊張就會肚子絞痛是其症狀。醫學上稱之為「大腸激躁症」。有些人會因此腹瀉，有些則會便祕。

前往醫院檢查，確定不是發炎性腸道疾病或是長了腫瘤，且也沒發現其他異狀的話，多半會被診斷為與壓力脫不了干係的大腸激躁症。與起立性調節障礙相同，這也是自律神經失調容易引發的症狀。

究其原因，與前面解釋的「自律神經－荷爾蒙－免疫系統」之間的連鎖關係紊亂失調可相呼應（↓30頁）。

壓力荷爾蒙會使得大腦與消化系統之間的傳遞出現異常，當消化系統過度敏感時就會引發腹瀉，令當事人時不時感到便意。當這種情況反覆不斷發生且長時間持續的話，「焦慮迴路」就會增幅，進入緊張狀態——這便是從荷爾蒙失調演變成大腸激躁症的一貫流程。

## ●白天總是不受控制地打瞌睡，可能是睡眠障礙

遇到不受控制想打瞌睡的狀況時，首先考慮到的可能性就是睡眠不足。

青春期的理想睡眠時間是八到十小時，但對於忙碌的學生族群來說，擁有充足睡眠恐怕是難以實現的夢想吧？所以身體才會渴望睡眠。

另一種可能是太過緊張造成的反作用。因為時常神經緊繃，得不到適當休息，當

然會感到十分勞累。不只是白天，連夜晚都維持在緊張狀態無法好好入睡，或是睡到一半醒過來，無法睡個好覺。這些與睡眠相關的症狀都稱為「睡眠障礙」。

睡眠障礙同樣也是自律神經失調後會顯現的症狀。

其中，有種在大白天裡突然一股強烈的睡意襲來，克制不了直接睡著的疾病稱作「發作性嗜睡症」。無論是在課堂、和朋友聊天時，不管身處怎樣的環境都會忽然睡著。雖然只是幾分鐘到二十分鐘不等的短暫時間，但在睡眠障礙的領域，這種情況已經算是相當嚴重了。

## ●無法呼吸而痛苦不已，或許是過度換氣症候群

這是所謂的「過度換氣症候群」或「過度呼吸症候群」會發生的症狀。無論大人、小孩都有可能罹患，尤其在青春期的女孩子身上特別常見。

在非常緊張或情緒激奮，甚至是感到恐懼時都很有可能發作。若是累積了過多疲勞也會發生，但基本上壓力還是最大主因。

因為過度呼吸，還會產生「呼吸不到空氣，我該不會就這麼死掉吧」之類的強烈不安，非常害怕相同的症狀會再次發作。

擔心病症再度上演的恐懼，反而又形成了壓力。和大腸激躁症一樣，是很容易造成負面連鎖反應的症狀。

## ▼演變為拒絕上學、閉門不出的契機

起立性調節障礙成為最近大家耳熟能詳的一種疾患。

從前也有處於青春期的人出現這些症狀，但當時大家只當作是「懶病」發作。

此外，起立性調節障礙的特徵之一，就是上午時段各種不舒坦，到了下午都會慢慢恢復。

即使早上身體不舒服向學校請假，但到了下午就會恢復精神。於是開始玩電動，看著喜歡的電視節目呵呵直笑。

可是一晚過去，隔天早上又因為身體不舒服而爬不起來。

因此常被家人不明所以地叨念「你是在裝病嗎？」或「你只是想翹課吧」。其實心裡真的抱著「等身體好一點了，明天就去上學吧」的念頭。但前一晚明明已經沒有大礙了，一到早上又完全不在狀態，發展成「即使想去上學也去不了」的情況。就連當事者也不明白自己為什麼會變成這樣。

一想到要上學就覺得「全身犯懶」的情形其實並不罕見，但沒有人是「因為不想去上學才讓身體不舒服的」。換言之，誰都不想讓自己身體不舒服導致無法上學。因為無法去上學而最焦慮不安的人，無疑就是當事者本人了。但是，去不了就是去不了。

就已經不知道該如何是好了，家人還在耳邊囉哩叭唆地碎念。於是腦子一熱就回嘴對罵了。畢竟青春期的大腦煞車經常失靈，動不動就會情緒爆發。家庭關係因此變得岌岌可危。明明自己也不想把場面搞得那麼難堪啊。

只是與心情背道而馳的身體不斷釋出焦慮煩躁的反應，加重了心頭的不安。

在過去，就算上醫院求診，也只會得到「檢查後並沒有發現任何異狀」、「這是青春期的生理變化造成的，過一陣子自然就好了」、「是精神上出了一些問題」的制式回答，沒有人會認真看待你所面臨的困境，給予的說法永遠是「是自律神經失調症啊」或「這是身心失調的疾病啦」。

但近幾年來，拒絕上學的人數逐漸增加，起立性調節障礙引起的症狀愈發惡化，大眾開始了解這種症狀嚴重時甚至會演變成拒絕上學，或將自己關在家裡閉門不出的情況，知道這些都是應儘早接受治療想辦法改善的「疾患」。

在常態性地向學校請假前，應該也會出現某些信號。

例如一從學校回到家就感到精疲力盡、對什麼事都提不起勁，只想躺下來耍廢。但這麼做又會被家人叨念，「你不用唸書嗎」、「真那麼累的話，就別參加社團活動了」、「你還要癱到什麼時候」或是「你就是太放鬆了啦」。這類的言語攻擊從沒少過，於是又累積了更多壓力。

在體內能量本該充足旺盛的十幾歲年紀，會疲累到什麼都不想做、經常提不起勁，身心恐怕已經受到相當嚴重的創傷了。

不過只要能注意這些潛在危機，進而改變處事的方式，就能在症狀變得更嚴重前調整方向。仔細注意出現在自己身上的信號，認真傾聽身體發出的聲音，也是非常重要的課題。

## ▼無法傳遞痛苦，是因為沒有產生連結

即使聽見體內傳出警訊，卻還是沒辦法讓自己變得輕鬆，有這種狀況的人似乎不在少數。

究其緣由，總不出以下兩點。

一是沒有意識到「生理與心理互相聯繫」的關係。

當身體狀況出現問題，通常只會認為是身體機能發生故障；心理上的煩惱則被當作情緒問題處理。身體不適與心理上的煩惱相互連接，又稱為「身心相關」，不過大概沒幾個人會認為兩者之間有著密不可分的關聯吧？因為生理與心理一般都是分開評斷的。

於是，感到痛苦而向外界求助時，能說的也不外乎是身體上出現的症狀。可能是「早上總是起不來，覺得頭暈目眩」，或者是「肚子好痛，不知道該如何是好」。

這當然不算說謊，因為你並不知道反應在身體的症狀，其實跟壓在心頭的緊張感有著千絲萬縷的牽連。

現在你知道真相了，就能以全新的視角看待身體與心靈的連鎖反應。在致力於使自己輕鬆愉快的道路上又前進了一步。

另一點，就是「沒辦法用言語好好表達」。

十幾歲的大腦尚未發育成熟。對自己的情緒、思維、或是遇到某些狀況時，都沒辦法像大人一樣清楚表達。儘管腦袋明白，但就是無法讓情緒、感覺與語言系統相互連結。我們將這種情況稱為「語言能力薄弱」。

此外，身處在青春期的躁動不安中，也會出現沒辦法確實表達出自己內心感受的情況發生。

因為切割了生理與心理，情感與語言也被阻斷，才無法將想說的話順利表達出來。只能在心裡乾著急。

沒辦法再去上學後，大人的想法不外乎是「為什麼不能去上學，一定是有什麼理由才對」，於是再三追問「是不是學校裡有什麼讓你厭惡的事」，只為了得到一個他也認可的原因。

但我們就是給不出答案啊。彷彿有什麼東西隱藏在濃霧的深處，自己也說不清楚究竟是什麼道理，更別提找出原因了。能清楚表達出來的，就只有感到頭暈目眩、不時感到頭痛等實際的症狀。

要是對方再繼續囉唆個沒完，就直接以「你好煩」、「去死啦！」等粗暴的言語結束這一回合。

這不是你的錯，是青春期本身的問題。

研究發現，關於**情緒語言、身體語言，若能有意識地逐步增加表達的語彙，自己的感情一定也能漸漸傳達出去**。

青春期的大腦擁有超群的吸收能力。隨著學習得來的辭彙量增加，盤踞在心頭的焦躁煩悶也會確實地逐漸減少。

## ▼煩躁到難以忍受的心靈怒吼

當「焦慮迴路」過度活躍時，很多人會不由自主地對某些事物感到在意。以下列舉一些例子。

□ 非常在意他人的視線
□ 克制不住地在意自己身上是不是「有異味」
□ 無法對人訴說關於性的煩惱

## ●在意他人的視線，是因為「視線恐懼症」

「幹麼一直盯著我看啊！」你也曾經說過這句話嗎？

孩提時代，我們都活在自己主觀的世界當中，與其他人並沒有太多交集。準確來說，是還沒有產生「自己」與「他人」的意識。

但從十歲左右開始，社會傾向就在我們體內逐漸萌芽。因此衍生出在意「他人目光」的情緒。除了對他人感到在意，同樣也很在乎他人怎麼看待自己。

在這樣的變化中，面對他人的視線即會感到強烈的焦慮不安。

嘴上雖說「幹麼一直盯著我看啊！」其實內心真正的想法是「別這樣看著我啊，

我好害怕」。

不是感冒，也不是容易染上花粉症的時期，但有些人就是沒辦法拿下口罩。因為口罩能遮覆大半張面孔，成為隔離他人視線以保護自己的最佳防護用品。

陽光明明不算刺眼，有些國、高中生還是會戴上墨鏡。這些孩子應該也是為了從他人的視線底下保護自己，才會這麼做吧。

## ●在意自己身上的味道是因為「嗅覺參照綜合症」

在意自己身上氣味的人不在少數。經常會嗅聞自己的體味，再三確認「應該沒問題吧」，且每天都會花很長時間洗澡。教人意外的是，竟有不少男生都是如此。

會演變成這種情況，應該是曾發生過什麼令人尷尬的事情吧。例如家人一走進自己的房間，開口便說「你的房間怎麼有股臭味啊」諸如此類的話。

對方指的可能是門窗緊閉、沒有好好通風換氣的房間，當事人卻以為是自己身上的味道被嫌棄，之後就愈來愈在意身上散發出的氣味——這種事時有所聞。

總是不由自主在意一些微不足道的小事，甚至死心眼地認定自己還有哪裡做得不夠好，這都是青春期才有的特徵。

同樣的恐懼症狀還有「體象障礙」和「不完美恐懼症」等。

體象障礙（Body Dysmorphic Disorder，ＢＤＤ）是指對自己的外貌抱有非常強烈的自卑感，認為自己的長相或體態遭人厭棄。這類人更是不會輕易拿下遮住臉孔的口罩，不僅討厭被他人注視，也很容易成為閉門不出的家裡蹲，有時甚至會做出自殘的行為。

至於不完美恐懼症，就如字面上所示，十分在意自己有沒有做到「盡善盡美」，並且為此感到焦慮不安。像是明天要帶出門的東西是否都準備妥當了？還有沒有什麼東西忘了收拾？總會像這樣一再地反覆確認。

「飲食障礙」造成的厭食、暴飲暴食也都是從焦慮而來。

一心認為「自己實在太胖了」於是開始減肥。當「只要吃就會胖」成為根深蒂固的強迫觀念，就會抗拒進食。又或是以為只要把吃下肚的食物吐出來就不會變胖，在一番暴飲暴食後又強迫自己催吐。

演變成神經性厭食症後，嚴重的營養失調會損害到身體健康，而造成這一切的源頭都是因為臆想過度的關係。

遇到這種狀況時，只要當作小腦扁桃體的過度反應就行了。因為青春期的大腦對抑制總是不太熟練，「焦慮迴路」一旦失控就會變本加厲。

## 無法對人訴說關於性的煩惱

透過與處於青春期的孩子聊天溝通，我發現很多人對於自己身上發生的性徵變化並不覺得開心，也並非抱持認同的心態來接受。

女生通常是因為胸部逐漸隆起而感到難為情，認為這樣的體徵變化會引起他人姍笑而非常討厭。男生則是進入變聲期後，被周遭的人指指點點而覺得厭煩，不少人因此變得沉默寡言。

相對地，有些人卻是因為性徵變化不如其他人明顯而感到煩惱。

基本上，「性」原本就是人們不太願意觸及的部分。若是因此受到嘲諷，可是會深受打擊的。

正因如此，所以更難對他人啟齒，多半只能獨自困惑煩惱。

一想到自己的這些狀況如果被其他人知道，一定會被瞧不起外加受盡嘲笑，於是更沒辦法敞開心胸找人商量了。

曾經有個國中男生一臉苦惱地問我：「醫生，可以問你一件奇怪的事嗎？我好像不太正常……，我的精液並不是白色的。」

我問他：「這是什麼意思呢？」他說自慰時出來的都是透明的液體。

接著深入了解，才知道原來他並沒有進行到射精那一步，而是誤把前列腺液當成精液了。

他是那種參與不了男生之間「開黃腔」小圈子的孩子，關於性方面的知識更是一問三不知。

## ▼變得愈來愈不像自己？

有些人會因為心靈受到劇烈衝擊，導致思維、感情、感覺分崩離析，甚至出現愈來愈不像自己的症狀。

- □ 待在人多的地方就覺得渾身不自在，有一直被注視著的感覺，害怕別人會對自己做些什麼……，此類的恐懼情緒非常強烈。
- □ 猛地回過神來時，發現自己的記憶曾經中斷過。
- □ 在睡夢中發生過動彈不得的鬼壓床現象，曾有幻覺、幻聽的經驗。

### ●感情和感覺彷彿剝離的解離性障礙

「解離性障礙」多半是孩提時代曾發生過難以忍受的痛苦體驗，造成心理上的創傷，感覺自己的大腦、心靈與身體無法相互契合融為一體的症狀。

例如在成長過程中，曾遭遇虐待、性侵害、嚴重的霸凌、重要的人離世、難以忍受的傷病或障礙等，一旦無法再承受過於殘酷的刺激，大腦的防衛機制會暫停感覺的傳遞，即是「解離」。若不隔絕感覺，就無法保住自己的心智，甚至難以存活下去。

換句話說，**解離是大腦具備的防禦系統之一，並非障礙或疾病，是為了生存所採取的對策**。

但在一般人的觀念中，這些症狀可說是相當不可思議，為解離性障礙所苦的人很難解釋發生在自己身上的狀況。原本就被痛苦的愁緒壓得無法喘息，也沒辦法得到他人的理解，只能桎梏在痛苦又令人不安的恐懼深淵中。

具體來說，解離性障礙會發生哪些狀況呢？

也許會遺落了某段時期的記憶，不記得自己曾做過的事或當時的狀況。這即是**「解離性失憶症」**，當事者會失去不願面對的記憶。

**「解離性身分疾患」**則是指出現迥異於自身記憶與個性的人格，也就是俗稱的多重人格。當事者不會擁有另一個人格出現時的記憶。

或者就算沒有失去記憶，卻對自己的存在感到失真，彷彿感受不到自己身上正在發生的事，這是**「人格解體」**引發的症狀。

如果已患上解離性障礙，就必須與精神科醫師一起找出造成這種症狀的原因，梳理前因後果，進一步接受治療才行。

正因為是無法輕易向他人坦然道出的私事，只能埋藏在心底深處，才會引發解離症狀。再加上多半與家庭問題有著不可分割的因果關係，多數患者都很難向精神科醫師開口求助。

在過去，未成年者若罹患解離性障礙，幾乎都被認定是遭受性侵害或肉體上的虐待，是因精神創傷所造成的結果。直到近年才發現其實並不全然是這麼回事。

即便是外界看來沒有任何問題的家庭，父母感情不睦或家庭成員間互相對立，導致孩子夾在中間左右為難，長久下來又會成為另一起案例。當身為孩子的自己成了家庭紛爭中的犧牲品時，很多人會因此出現解離性障礙。

例如童年時期就經常聽母親抒發不滿與抱怨、一路扶持母親的小孩，或是很會察言觀色、總是扮演「乖孩子」的小孩，都很可能因慢性壓力造成身心平衡失調，引發解離性障礙。

這一類型的人，總認為這個世界上完全沒有「能讓自己安心的棲身之所」，一旦步入「我再也受不了了」的狀態時，大腦就會啟動自我防衛機制隔絕情感傳遞，還會引發連患者本身都無法理解的發病症狀。

## ▼要知道你並不是孤單一人

總而言之，世界上的每一個人都有屬於自己的煩惱。應該沒有人活在世上卻從來沒有煩惱過吧？

曾有患者對自己的性別認同感到疑惑，向我諮詢跨性別（性別認同或性別表達，與其出生時的性別指定不一致）的煩惱。當時我給出的建議是「盡量伸展你的觸角，努力汲取更多資訊情報，試著去了解更多關於這個世界的事吧」。

獨自一人煩惱時，就容易陷入「這個世界上只有我如此奇怪」的偏執想法中。其實這個世界上還有很多跟你擁有相同觀點的人，或各方面與你相似的人。要知道那些煩惱困惑並不是「只有你才有」，這點認知非常重要。

**為了能挺起胸膛大聲宣告「這也是一種特別的個性」，你必須明白自己在這個世界上還有很多伙伴，他們將會成為你的心靈支柱**。

雖然有很多苦悶難解的事，但只要把這些負面情緒當作青春期的過度敏感來解讀就可以了。

因為情緒反應過度，才會活得那麼累。

青春期的痛苦不會永遠持續。當然即使過了青春期，該煩惱的時候還是會煩惱，但還好不會再像青春期間那般尖銳刺痛了。本章的開頭就提過，這是一場期間限定的青春禮讚，終會有迎來結束的時候。明白這一點後，多少有種得到救贖的感覺吧。

# 3

## 五個人中，
## 就有一人是
## 「超敏感體質」

吵嚷
這次校慶大家辛苦啦ー
你也辛苦了ー
玩得好開心喔ー
吵嚷
人多的地方好不自在啊……
麻煩把果汁遞來這裡。
匡噹
哆嗦

真的非常抱歉，您有受傷嗎？
心跳
加速
我沒事。
咦—
鬧
鬧
然後啊—
吵 吵
就是這樣
沸
是喔—
鼎
這麼說起來……
人聲
我說啊—
總覺得……
好疲憊啊……
真想早點回家……

## ▼天生的「超敏感」氣質

青春期結束後，受到荷爾蒙與大腦機制影響，自律神經失衡導致情緒不穩定的症狀會逐漸恢復平穩。每個人或多或少會有些偏差，但差不多在二十歲之後就會自然平靜下來。

然而儘管青春期已經結束了，有些人還是很敏感容易受到傷害，總是感到強烈的焦慮不安，依然會因為一些小事身心俱疲。

以體質來說，有些人對刺激的感受性是常人的雙倍以上，也就是天生的「超敏感」氣質。

經過長年的調查，美國心理學家伊蓮・艾融博士（Elaine Aron）發表研究成果，提出具敏感氣質的人在世界上占有一定數量，並且將這一類型的人取名為「高敏感族」（Highly Sensitive Person），簡稱「ＨＳＰ」。

艾融博士本身也是個非常敏感的人，對許多事都感到難以負荷，於是這便成了她開始研究敏感的契機。

此外，艾融博士也為具有敏感氣質的孩子取名為「高敏兒」（Highly Sensitive Child），簡稱為「ＨＳＣ」。

當這樣的概念傳入日本後，人們才知道ＨＳＰ、ＨＳＣ這一類的專有名詞。在日語中，則有「敏感氣質」、「比別人更敏感」、「超敏感」、「過度敏感」等各式各樣的稱呼。

不管在哪種社會階層中，都占了百分之十五到二十，換句話說，五個人裡就有一個具備敏感氣質。與人種無關，每個國家都有敏感氣質的人存在，且男女的占比幾乎相同。

不僅限於人類，動物世界裡說不定也占有一定的比例。

以生物進化的觀點來看，想在嚴峻的自然界中生存，勢必得擁有更快察覺到危險的能力。對於種族的興盛存亡來說，超乎尋常的敏感應該是不可或缺的吧。

如此想來，在生存一事上，敏感可以說是承擔了非常重要的作用呢。

## ▼關於HSP、HSC的四種敏感特性

關於HSP、HSC的敏感氣質，發起人艾融博士認為必須同時擁有以下四種特質。

### ①深入、嚴謹的思維

會將接收到的訊息在腦海中反覆思索、釐清條理的特質。

透過反覆思量已深入理解，不僅能以機智的發言緩和現場的氛圍，同樣也能提出尖銳的質詢與確切的指摘。

因為慎重琢磨過各種可能性，在採取實際行動之前必須多花一點時間。

## ②容易感受到過度刺激

對感受力一般的人來說或許不算什麼，當事者卻會非常介意。

普通人感受到的「適度刺激」，放在當事者身上會變成「相當嚴重的刺激」。若是連普通人都覺得「相當嚴重」的程度，對當事者而言已經是「難以承受的刺激」了。

除此之外，還很容易感到疲憊。過大的音量、強烈的氣味、人多的地方都會帶來壓力，不擅長處理突然變更的計畫，收到驚喜更覺得像是驚訝，比起開心更早一步浮現的是惶惑不安。

## ③情緒反應激烈，共感能力過人

能理解他人的情緒，預測對方的想法，對別人的感情產生強烈共鳴，導致自己也變得悲傷，身心都受到煎熬。

共感能力太強，可比喻成體內有許多音質響亮又巨大的「音叉」同時共振時的恐怖效果。

### ④再微小的刺激都能察覺到

一點小事都能迅速察覺反應，經常會注意到事物的細節。

細微的聲響、清淡的氣味、毫釐之差的味道等，一般人很難注意到的細節都能一一發現。對疼痛也相當敏感。

如果以上四項特質全都符合了，你很有可能也是具備敏感氣質HSP的一員。

## ▼回首自己的孩提時代

HSP、HSC皆屬於心理學的概念。既不是生病了，也不是有什麼問題，更不是找哪個機關單位調查一下就能搞清楚的事。

與生俱來的資質不會半途突然出現，你不妨試著回顧孩提時代的經歷，這也是一種自我診療方式。如果當時太年幼什麼都記不得了，就向家裡的人詢問一下吧。

□ 是否難以承受過大的聲響、刺目的亮光、濃烈的氣味？

□ 經常被說是愛哭的小寶寶？

□ 害怕疼痛？

□ 很在意衣服摩擦皮膚的觸感和標籤帶來的異物感，所以經常穿同一套服裝？

□ 不喜歡玩沙子也討厭玩泥巴，很少接觸這類的遊戲？

□ 不喜歡熱鬧的地方？

□ 常被人說「你居然會注意到這種地方」？

□ 比如經常能察覺媽媽的心情好壞，很會捕捉大人的表情變化？

□ 要在眾人面前說話的時候，總是太過緊張而沒辦法把事情做好？

□ 不擅長應付會大聲咆哮的老師？

怎麼樣呢？

如果你是符合以上這些特徵的孩子，那麼你果然也是敏感氣質呢。

## HSP的特徵、煩惱、活得艱辛之處

| |
|---|
| • 對顏色、聲音、氣味等，稍微感受到刺激就會很在意 |
| • 容易把夢境或幻想跟現實混淆 |
| • 總是配合對方，扮演「乖孩子」的角色 |
| • 為他人考慮太多，最終連拒絕都說不出口 |
| • 只要有自己獨處的時間和空間，就覺得負擔都減輕了 |
| • 在團體中，屬於沉默寡言、獨來獨往的人 |
| • 不知該如何應對監視、評價或是被限制時間之類的狀況 |
| • 常被身邊人的情緒或感情左右 |
| • 壓抑著不表現情緒、話語與行動 |
| • 經常精神不濟，沒辦法同時處理太多事情 |
| • 無法配合對方的節奏 |

## HSP容易出現的生理症狀和精神病症

| |
|---|
| • 大腸激躁症、多汗症、經前症候群、慢性疲勞症候群等中樞敏感化症候群 |
| • 對化學物質、電磁輻射或人體能量的特殊過敏症 |
| • 失眠、嗜睡、夢魘、入睡後會出現幻覺、發作性嗜睡症等睡眠障礙 |
| • 緊張型頭痛、偏頭痛、纖維肌痛等慢性疼痛 |
| • 恐慌症、社交恐懼症、強迫症等焦慮症 |
| • 抑鬱症、憂鬱症、持續性憂鬱症等情緒障礙 |
| • 記憶空白、瞬間重歷其境、幻聽、多重人格（解離性身分疾患）、人格解體、失現實感等擁有以上症狀的解離性障礙 |
| • 自主意識、思慮過多、被害妄想、停止思考、記憶障礙等擁有以上症狀的思覺失調症 |

## ▼HSP是遺傳嗎？

HSP是遺傳嗎？曾有患者向我諮詢過這個問題。

我認為某些方面或許來自遺傳。雖然可以確定並非毫無關聯，但顯現出來的那些症狀究竟是來自遺傳、養育方式，或是受到環境影響才造成的就不得而知了。

敏感是單一個別的感覺，不好斷言與哪塊遺傳基因相關，也很難斷定從何而生。

此外，仔細看看前述列舉的特徵，大家或許會以為HSP、HSC都屬於內向型（謹慎派），但其實也有很多人是屬於喜歡追求刺激的外向型。

這不就完全反過來了嗎？其實還是有些許不同之處。當對刺激的好奇心大過一切時，就會克制不住自己想追求更猛烈的刺激。但若大腦感覺刺激過於強大而下達抑制信號時，人又會想辦法從刺激中保護自己了。

據統計，在整體高敏感族當中，內向型約占七成，外向型則是三成左右，但我認為其中應該有不少是混合了兩種類型的人吧。

有些小孩在外面非常安靜乖巧，但一回到家就變得相當活潑，這種案例並不少見。簡而言之，就是人們口中的「家裡橫」類型。這樣的孩子在外是內向型，在家裡則顯現出外向的天性。

大人卻完全相反，在外習慣表現出很有活力、擅於交際的模樣，但獨自一人時完全內向寡言的人似乎非常多呢。

## ▼難以明確辨別敏感的原因

明明是天生的敏感氣質，為什麼過了青春期，都活到二十歲左右了，還是對很多狀況都難以理解掌握呢？當事者的敏感氣質分明一直都沒有改變啊。

前文也提及，人在孩提時代無法清楚表達自己的情緒或感受，也沒有與他人攀比的心思，很難發現自己感受到的一切和他人並不相同。

直到步入青春期，才會開始注意到自己與他人的差異，不由自主產生和他人互相比較的想法。展露在身心兩方面的失常表現，究竟是因為成長期的到來，還是當事者特有的個性，這點同樣難以釐清。

多半還是得等到長大成人後，才會慢慢了解其中緣由。

這一點與發展障礙如出一轍。

近來，「大人的發展障礙」一詞經常被提及。但發展障礙通常是在幼兒時期就已形成，不會半途才突然冒出這樣的病症。

長大成人後才被診斷出「你這是發展障礙」的患者，不是過去從未出現過症狀，而是直到此刻才被其他人發現「你跟一般人不同，所以活得特別辛苦」，且當事者本人應該也是第一次知道自己患有發展障礙。

確認患有發展障礙，其實有好處也有壞處。

壞處是很可能因此受到他人的差別對待。例如在工作上，有些人會因為當事者的發展障礙，想當然耳地認定「這個人應該做不來這種事吧」；好處則是當事人明白了「因為跟一般人不同，才會活得如此辛苦」的真相，在了解真正的原因後，心情上也會感到輕鬆許多。

許多患者都懷揣著「明明其他人都做得到，為什麼我就不行？」的困惑，因為無法把事情做好而感到煩躁焦慮。其中不乏為此譴責自己，甚至將自己貶低成「一無是處」的人。但是**只要明白「自己其實並非一無是處，只是大腦機能出現問題才會變成這樣」，你所感受到的痛苦也就能緩解**。

此外還有一點，發展障礙的群體中也存在擁有敏感氣質的人，我們稱之為「感覺過敏」。這一點在後面章節會再詳細解釋。

由於高敏兒的敏感與發展障礙的感覺過敏也有重疊之處，想釐清究竟源自何處並不是件容易的事。

敏感就是如此複雜難解的課題。

## ▼活得痛苦疲累，為什麼會和敏感息息相關？

既然大家對高敏感氣質有一定的理解了，接下來就讓我們進入主題。

首先來聊聊「為什麼敏感會讓我覺得活得很痛苦疲憊」。

各位還記得第二章提及的內容嗎？這是因為一切都與大腦的機能運作互有牽連。若是長時間持續處於對刺激產生過敏反應的狀態下，就會驅使焦慮迴路、恐懼迴路的運作變得更加活躍。

簡而言之，就像是警戒信號一直響個不停。當大腦感受到強烈的焦慮或恐懼時，抑制行動的腦迴路就會快速運轉。具體來說，就是大腦不斷發出「這麼做很危險，快點停止」、「那裡很恐怖，不要再靠近了」等信號，不僅會開始限制行動，就連思維也會變得負面抑鬱。

換句話說，**焦慮迴路過度反應的情形若一直沒有得到改善，人就容易受到負面情**

緒控制。

「反正到頭來還是會失敗。」

「看吧，果然沒辦法順利進行。」

「不管再怎麼努力都只是浪費時間。」

一旦被負面情緒掌控，就會陷入自我否定的循環當中。

「我真的不行。」

「我不可能辦到。」

若是負面思想變本加厲，就會在付諸行動前先一步放棄，喪失自信心，貶低自己的存在價值。最後只會更苛責自己。

長此以往不斷重複積累，造成壓力荷爾蒙過多，導致交感神經和副交感神經失衡，進而影響自律神經，連免疫系統也會出現異常現象。

如果過了二十歲，自律神經失調的症狀還是沒有消失，反而還變得更嚴重了，可能就是青春期敏感以外的原因造成的。

並不是所有的高敏感族都會面臨這種情況，即使是普通人，長時間處於壓力過大的狀態，同樣也會出現各種身心健康上的問題。這一點希望大家千萬不要誤會了。

只是具有敏感氣質的人比起一般人更易感，更容易被周圍環境影響，更容易受到傷害，當然也更容易累積壓力。如果不多加留意，就會比普通人更容易罹患壓力所帶來的疾病。

## ▼另一種敏感，名為發展障礙

前文簡單提及了發展障礙患者的感覺過敏，那又是什麼意思呢？

發展障礙，是指在發育的過程中，大腦各部位連結的系統迴路無法正常運作所引發的症狀。現在統稱為神經發展障礙。

在自閉症譜系障礙（ASD）、注意力不足過動症（ADHD）、學習障礙

（LD）的患者中，有些人也具有與高敏感族的敏感氣質相似的一些特性。

目前所知有關於聽覺、視覺、觸覺、嗅覺、味覺等五種感官的過敏，前庭平衡覺（對身體動作、平衡感、速度等的感應體系）、肌肉運動知覺（手腳的動作、肌肉的伸展收縮、感受力量多寡）過敏，抑或感覺麻木。

但是想區分帶有以上這些症狀的過敏和高敏感族的敏感並不容易。

不是每一個發展障礙患者都會感覺過敏，有的人會出現過敏症狀，當然也有人不會。其中還有為感覺遲鈍所苦，或是無法對外界產生感覺的案例。

過敏帶來的感覺、呈現方式、程度也都因人而異。

有些人除了本身就因發展障礙而感覺過敏，同時還是個高敏感族；也有些雖是高敏感族，但並沒有發展障礙的問題。

無論是發展障礙或高敏感族，就如同循序漸進的排列組合般，都有從「只是一點小問題」到「相當嚴重」的患者。

所以說，不能以非黑即白的二選一方式來加以劃分。

我通常會在腦海中把發展障礙的特性堆成一座小山，高敏感族的特性則是另一座小山。這兩座小山有相互銜接的部分，也有個別獨立存在的部分。

而青春期獨有的敏感與高敏感族的敏感，應該也互有銜接之處吧。

兩者間的共通點就是都因為敏感而困惑煩惱，於是才會讓人對活著有多不容易深有感觸。

## ▼殘疾（障礙）又是什麼呢？

在無法清楚區分的狀態下，或許是我們能重新定義何謂「殘疾」的大好機會。

我們總是未經深思就隨口說出「殘疾人士」這個詞彙，但究竟是指哪一方面的殘疾呢？

例如說到「視障者」時，所包含的對象並不只有完全看不見的全盲人士，也會視視力問題而有各式各樣的劃分依據。除此之外，不同的群體生活，對於視覺障礙也有不同等級與程度的劃分。

舉個極端一點的例子，對生活在非洲疏林草原地區、以傳統狩獵方式維生的部落族群來說，視力六．〇是再理所當然不過的基本條件；相較之下，視力只有一．五左右的人就無疑算是殘疾了吧。

說是會對生活帶來困擾，其實只是這個社會上的人們自己認定的觀點，一群人擅自評定的標準。

發展障礙中存在的既定因素——障礙特性，有時候會特別強烈，有時候則不。有些人身上同時存在好幾種症狀，有些人只有單一症狀。

無論哪一種殘疾都無法以非黑即白、零或一百的方式清楚劃分。只不過是程度有別罷了。且在循序漸進的狀態下，必然也有與「正常人」相互銜接的部分。

當你擁有這樣的觀點後，對殘疾的觀察、對不同於其他人的特異性質，應該會有更深入的見解吧。

## ▼加深理解，才能進一步解救心靈

自古以來，每當談論他人的性情或個性時，敏感總是會被特別提出來說上幾句，例如「他有點太神經質了」或是「很纖細的性格呢」等等。其實敏感氣質在過去屬於尚未被系統化研究規整的領域。

身為一名兒童精神科醫師，我在面對發展障礙、發展性創傷障礙、依附障礙等症狀時，才接觸到有關高敏感族的知識，這才知道原來我每天感受到的情緒已經被社會心理學歸納為一種「氣質」，實在太令人震驚了。

於是我也開始以各種不同的觀點來研究「敏感」這件事。

從出版著作、在眾人面前演講、收到來自日本各地的迴響，讓我真切地感受到原來有這麼多人都在為敏感而煩惱。

「認識高敏感族後，我才知道自己原來是這種狀況。有很長一段時間，我都覺得自己好像跟其他人不太一樣，現在總算明白我為什麼老是覺得活著很辛苦了，醫生您真的幫了我一個大忙。」

「自從知道原來都是敏感氣質作祟，並不是自己有哪裡不正常後，我終於不用再責備自己了。而且壓力也有減輕的跡象，身體狀況好了很多。」

了解真相後，很多人都得到心靈上的撫慰與解脫。

最近坊間出版許多談論這類主題的書籍，也能透過網路查詢到相關資料，任何人都可以輕鬆獲取高敏感族、高敏兒的資訊，針對各種敏感問題深入探索。我認為這是非常棒的事。

如果早在孩童時期就確定是高敏兒的話，父母和老師就能配合孩子的狀況，更用心地給予輔導與幫助。

這麼一來，當事者也會輕鬆許多。只要壓力減少了，就不用擔心會被負面思維左右，一路橫衝直撞地撲向「消極大道」了。

知識能加深理解，足夠理解才能進一步解救心靈。

## 高敏感族的自我檢測量表

請依照自己的感覺回答以下的問題。只要符合描述，就選擇「是」。完全不符合描述或不完全符合請選擇「否」。

| | | |
|---|---|---|
| 1 | 經常注意到周遭環境的微妙變化 | 是／否 |
| 2 | 總是被他人的情緒左右 | 是／否 |
| 3 | 對疼痛非常敏感 | 是／否 |
| 4 | 忙碌的日子若持續太久就想尋求私人的空間，如一張床或幽暗的房間，總之很需要一個可以逃離刺激的地方讓自己安心窩著 | 是／否 |
| 5 | 對咖啡因過敏 | 是／否 |
| 6 | 明亮的光線、強烈的氣味、扎皮膚的布料、警報聲等都能使自己崩潰 | 是／否 |
| 7 | 擁有豐富的想像力，容易耽溺於幻想中 | 是／否 |

| | | |
|---|---|---|
| 8 | 聽到噪音就覺得焦躁 | 是／否 |
| 9 | 欣賞美術或音樂時常深受感動 | 是／否 |
| 10 | 非常有良心 | 是／否 |
| 11 | 容易受到驚嚇（大吃一驚） | 是／否 |
| 12 | 必須在短時間內解決許多事情時，腦子就一片混亂 | 是／否 |
| 13 | 他人有哪裡覺得不舒服時，能很快找出令對方舒適的方法（例如調整燈光的亮度或幫忙換位子） | 是／否 |
| 14 | 不喜歡同時接受太多委託 | 是／否 |
| 15 | 會再三提醒自己不要犯錯、不要忘了該帶的東西 | 是／否 |
| 16 | 盡量不接觸暴力型的電影和電視節目 | 是／否 |
| 17 | 身邊發生太多狀況就會渾身不舒服，甚至不由自主地繃緊神經 | 是／否 |

| | | |
|---|---|---|
| 18 | 饑餓時會出現無法集中精神，或是覺得噁心等強烈的反應 | 是／否 |
| 19 | 平靜的生活一出現變化，大腦就亂成一片 | 是／否 |
| 20 | 喜歡精緻優雅的香氣、味道、聲響、音樂 | 是／否 |
| 21 | 會盡量避免令人不安的狀況，平靜的生活比什麼都重要 | 是／否 |
| 22 | 工作時遭遇競爭、受到觀察就會感到緊張，無法發揮平時的實力 | 是／否 |
| 23 | 童年時期，父母和老師都覺得自己是「敏感」、「內向」的孩子 | 是／否 |

## 分數評估

上述的問題中，若有十二題以上選擇了「是」，表示你可能是個高敏感族。但即使只有一個「是」，過度的偏向也有成為高敏感族的可能性。

引自伊蓮・艾融，《高敏感自在新法》（生命潛能出版）

# 4

## 在人際關係中
## 容易受傷的你

匡噹
匡噹
叮叮
叮叮
叮叮
五人幫
明天走吧！
好喔！
去哪？
OK!!
叮叮
五人幫
明天走吧！
可是我不太想出去啊……
最近那傢伙很不合群耶。

LINE的訊息過很久才讀。
之前有一次還已讀不回呢。
明天就算他主動搭話也當他不存在吧～
哇喔——你好壞啊。
叮叮
五人幫
好喔！
去哪？
OK!!
不錯耶，一起吧
因為不想被大家討厭，
…
只能跟著他們的節奏……

## ▼「不想被討厭」因而苦了自己

現在的年輕一輩可真辛苦——之所以會這麼想，是因為年輕人幾乎無一例外，都是在社群網站上與朋友交流聯繫的關係。經常手機不離手，一天到晚關注著LINE或推特上的朋友動向，緊繃的神經沒有一刻可以鬆懈下來，無法好好放鬆休息，一定非常疲累吧。

無論何時何地都能輕鬆取得連絡是很便利沒錯，在網上交流肯定充滿了各種樂趣，但不免也會收到「你怎麼不馬上回應啊」或「居然已讀不回」之類的抱怨，接著受到排擠、演變成霸凌的情況也並不少見。

成為被霸凌的對象後，不只是待在學校裡的時間，惡意的攻擊會不分晝夜、無關假日一直如影隨形地持續下去。捱過一波接一波的謾罵和謠言中傷後，有些人的心靈會因此遭受重創。

□ **只要和大家做一樣的事就能感到安心。**

□ **不想被其他人反感厭惡，就算有想說的話也會忍住不提。**

□ **如果突然在社交網站上受到排擠、失去朋友的話，自己就徹底完蛋了。所以就算有看不順眼的地方，也不會放棄在網路上與人交流。**

因為不想被討厭，因為害怕被排擠，即使勉強自己也要繼續這樣的友情聯繫，試著融入大家做一樣的事……。

你也是這樣的人嗎？

可是，這麼做真的是在「保護自己」嗎？

保護自己又是什麼意思呢？

**因為「不想被人討厭」的心情太過強烈，反而令自己受傷、痛苦不堪，身心都因此生病的狀況其實並不罕見。**

本章節就是針對這種心理機制來聊聊保護自己究竟是什麼意思。

## ▼青春期正是對朋友關係敏感的時期

對十幾歲正值青春期的你們來說，朋友之間的關係（尤其是年齡相仿的同性友人）比其他任何事都更加重要，這在成長過程中是相當自然的發展。父母是童年時期最重要、最信任的對象，但「自立」的念頭從十歲左右悄悄萌芽後，就開始了心靈的自立之旅。

在「我就是我」的意識作用下，人自然而然就不再依賴父母了。並且會對同世代中與自己互有共鳴的那個人產生親近感，慢慢接近彼此。

每天都能見面，聊一些父母無法理解的話題，對方能明白自己的想法。在各方面產生共鳴，受到刺激時可以一起哭泣、一起歡笑，因為有很多相處的時間，朋友成為重要的存在是很自然的事。

但只是單純的感情融洽還不夠。

在這個時期，你會開始思考「我到底算什麼」、「其他人又是什麼」諸如此類的問題，會開始在意「他人的目光」，會對「我在別人眼中是什麼樣子」這件事相當敏感。

也會萌生與別人攀比的心情。

「那個女生好可愛，跟她比起來，我又如何呢……？她們家很有錢，跟她比起來，我家就……」

「不管是英文還是數學，那傢伙都比我更出色。」

有時產生自卑感，有時出現優越感，羨慕、嫉妒、各種感情因應而生。

青春期受到荷爾蒙的影響，動不動就會轉變心情，因為大腦還不具備抑制的能力，有時過於強烈的情緒還會使人失控暴衝。而年齡相仿的朋友尚難以淬鍊成牢靠穩固的友誼，因此很可能因為一點小事就引發糾紛。

尤其比起面對面交流，透過網路聯繫的關係更容易未經深思熟慮就訴諸言語暴力來傷害他人。

## ▼我究竟存在於何處？

在跌宕起伏、曲折多變的人際關係之中，如果生活重心都擺在要如何「聯繫」與朋友之間的關係，就非常容易陷入「只有被朋友認可，我的存在才會有價值」的謬想誤區當中。

也就是誤以為「只有那個擁有很多朋友，又能和他們頻繁交流往來的自己」才是真正的自己。

換句話說，如果沒有得到他人的認可，就無法真切感受到自己的存在。長此以往就容易產生「朋友關係才是一切」、「如果被朋友厭惡、排擠，我的人生就完蛋了」的想法。

得到朋友的認可時，感到滿心歡喜又充實；但反過來說，如果無法得到朋友的認同，心裡就會被強烈的不安所籠罩。這都是因為感覺到自己身為一個人的存在價值變得岌岌可危的關係。

害怕被討厭。希望自己能受人喜愛。

害怕被朋友排擠，對於被捨棄感到恐懼。

於是就算有什麼想說的話，也會忍著不說出口。

只要和大家做一樣的事，就覺得「無論如何這樣就能安心了」。

不表露真心，為了不被討厭而「配合演出」，總是在勉強自己。

演變至此，原本在心中占有一席之地，令人歡喜的朋友關係也在不知不覺間變得苦澀難耐了。

**真的很奇怪對吧，但你知道是從哪裡開始變得不對勁的嗎？**

**就是竟然得在和朋友的交集中，尋找自己本身的存在價值。**

所謂的我並不在外人眼中，而是存在於自己的內心啊。

美好的朋友情誼也應該是在自己的內心珍重孕育，使其開花結果才對。

## ▼「自我」與「心理防衛線」

你曾聽說過「自我」一詞嗎？

以一句話來概括，就是對於「自己該是何種存在」的思維模式。

「我喜歡這個」、「也挺喜歡那個」、「討厭那個東西」、「對這個很拿手」、「這件事我可以一直持續下去」、「對那個不太擅長」、「這個我能接受，但那個可能不太行」……，諸如此類細枝末節的小事不斷積累，就會逐漸形成「我究竟是個怎樣的人」的框架。

在框架裡，只要待在能令自己心緒穩定的空間裡，就不太會感受到壓力。

人在成長階段自然而然會架設起屬於自己的框架。這些框架是能保護自己不受外界侵擾的心靈屏障，可以在裡面構建出一塊不被他人傷害的安全區域。

也就是架設一條「心理防衛線」。

說起自我，有些人的既定印象不外乎是「主張自己存在的意識」。雖然確實是有這一層的意思在，但在此之前，還有「不同於他人的自己本身」的意思。

「心理防衛線」劃分得很清楚的人，能明確「區分出與他人不同的自己」，同樣也確實具備了「主張自己存在的意識」。

當自我意識過於強烈，就會忽視周圍的意見，只想貫徹自己的想法，一不小心就會在任性的路上愈走愈遠。這對自我而言可不是好現象，反而太過「肥大」了。

那麼，如果自我意識太薄弱又會怎麼樣呢？

若沒有形成自我意識，自己本身的核心就會搖搖晃晃無所歸依。

心理防衛線也會因此模糊不清。

因為體內缺乏了「與他人有所區分的自己」的存在，才會想從外界尋找認同自己的聲音。

讀到這裡，有沒有種醍醐灌頂的感覺？

**想從外界尋找認同自己存在的人，都是因為自我意識沒有好好形成的關係。**

## ▼「缺乏自我」的人

我常會詢問因心理問題來到精神科診所求診的青春期少年、少女們：「你認為自己是怎麼樣的人呢？」

「這很難說啊，有很多種面相吧，所以沒辦法輕易做出回答。」很多人都給出這樣的答案。

「那麼，請說出自己的優點吧。」當我提出這個要求時，對方通常都無言以對。若是缺點，隨便都可以說出好幾樣，但關於自己的優點卻是難以啟齒。

這樣的人同樣也是自我意識沒有發育完全，就連自己的心理防衛線都模模糊糊搞不太清楚。

這是為什麼呢？

因為生長的環境讓當事者沒辦法好好培育自我意識。

原因大致可分為以下三種。

一是在成長過程中，被過度保護、過度干涉。

二是童年時期曾遭受過精神創傷（虐待、忽視等），在心裡留下不可抹滅的傷害並深受影響。

三是原本就屬於敏感氣質，容易被他人的情緒左右。

那麼，接下來將以條列的方式，向大家解釋為什麼會變成這樣。

## ●過度保護、過度干涉的情況

童年時期，每當想嘗試做些什麼時，如果父母總說「小寶貝，還是這麼做吧」、「你只要那麼做就好」、「這一個比較適合你喔」，並且搶先一步替你決定該怎麼做、要如何做時，當事者就會搞不清楚究竟是自己想這麼做，還是依循父母的要求才會做出這樣的選擇。

在成長的過程中，迎來叛逆期的孩子若能如實說出「這不是我想做的事」算是還不錯的發展。但有些人什麼都說不出口，就在這種教育方式下長大了。最近沒有經歷過叛逆期的人似乎增加了不少呢。

「爸媽說的話應該都是對的吧」容易隨波逐流的人難以辨別父母的意見究竟是不是自己本身的願望。更無法區分那到底是真實的自我，還是被捏造出來的自我。

## ●帶有心理創傷的情況

對年幼的孩子而言，父母就是自己的保護傘。如果被父母拋棄，就無法活下去。一旦經歷了嚴重的心理創傷，面對重要的親人時，就會冒出「如果不乖乖聽話，或許就會被拋棄」的強烈不安感。於是心底深處就會湧現出「不管再怎麼難過，只要我乖乖按照對方的要求去做，應該就不會被拋棄了吧」這類的想法。

即使是五歲時發生的事，只要記憶一直留存在心裡，就會影響到當事者往後的生活方式。

就算被朋友霸凌也沒辦法離開共同的朋友圈，或是被喜歡的人暴力相向、做出過分的事也無法和對方分手，這樣的人幾乎都受過精神創傷，在心理上留下了無可抹滅的陰影。

## ●太敏感，容易被他人情緒左右的情況

有些人對於別人的情緒特別敏感。第三章曾說過，許多高敏感族都有這樣的問題（→70頁）。這一類的人總是能在第一時間察覺對方有什麼需求。

「只要我這麼做，媽媽應該會覺得很開心吧！」正是因為明白這一點，就算與自己本身的想法相左，也會選擇讓媽媽開心。

與朋友相處時也同樣如此，經常為了配合對方而壓抑自己的想法、情緒，甚至在不知不覺間養成了習慣。

過度保護或過度干涉、精神創傷體驗、敏感氣質。無論是哪一項，或是兩項以上相乘，都會使自我意識無法發揮自如。一再壓制自己的情感，就會丟失原本的自己。

於是隨波逐流間，「真正的自己」也就真的慢慢消失了。

當這種情形不斷反覆上演，壓抑的情緒會愈來愈膨脹，在當事者還沒發現時已轉變成巨大的壓力，令身心都難以承受。

有些人因此罹患憂鬱症或恐慌症，在身心都出現壓力症狀的群體中，「缺乏自己」的人占有相當大的比例。

## ▼「乖孩子」、「老好人」的角色扮演都非常危險

近年來，因為「不想被討厭」的想法太強烈，導致無法正常展現自我的案例不斷增加。換言之，「缺乏自己」的預備役人數也大幅增加了。

下述條列的特徵中，若擁有兩項以上，無疑已經與危險畫上等號了。

☐ 無法展現真正的自己，只能創造「角色」，飾演戴上面具的自己。

□ 無法拒絕他人的請求。

□ 無法反抗父母。

□ 比起堅持自己的想法，認為迎合對方的情緒才能相安無事，一切都好。

所謂創造「角色」是指飾演戴上面具的自己，並不是想以虛偽的形象示人、或是欺騙別人。只是認為其他人就是想看到那樣的自己，所以才投其所好。因為太懂得看人臉色，許多有此症狀的人即使表面上看起來吊兒郎當，但是實際上卻是非常認真、踏實的性格。

就我的觀察，在學校或家裡被認定是「乖孩子」的人、或是旁人口中的「老好人」都在不知不覺中累積了各式各樣的壓力。

成績不錯、人際關係的處理上也沒什麼問題，原本在大家心中既可靠又值得信賴的人有一天就突然出了狀況，不再來學校上課了。

周圍的人都嚇了一跳，心想：「那孩子怎麼突然拒絕上學了呢？」當事者長久以來也一直抱持著「我必須當個『好孩子』才行」的想法，於是捏造出來的自我跟真正的自己之間產生了衝突，無法再保有真實的自己了。

原本應該是先有了自我意識，才能保證自己的存在。只要待在心理防衛線劃分明確的安全範圍內，就能保護自己不受到他人傷害，也不用承受那些無形的巨大壓力。可是為了配合外界的要求、為了成為他人眼中的自己，只能硬著頭皮不斷勉強。而這又代表了什麼呢？

「我其實不喜歡這樣，但為了讓喜歡這些事的人開心，只好也跟著喜歡。」

「我其實不想這麼做，但又覺得拒絕不太好，所以只能硬著頭皮答應了。因為周圍的人似乎都很希望我這麼做……」

就是因為這樣的情緒不斷重複累積之故。

一而再地重蹈覆轍，防衛線就會逐漸消失。心理屏障被衝撞得殘破不堪，原本能讓自我意識守護自己的心理屏障也無法再發揮原有的機能了。

## ▼拿捏好自己的尺度

人際關係最辛苦的一點就是改變「心理防衛線」的存在意識。

因此「缺乏自己」的人首先要回歸本心，釐清「我到底是什麼人」、「自己究竟存在於何處」這兩道問題。

搞清楚「我真的喜歡這東西嗎」，也別忘了問自己「這真的是我想做的事嗎」。

我經常對前來求診的患者說：「想一想什麼才是自己真正的樣子？試著懷疑一下現在的自己又何妨！」

這時候的思量基準不在別人身上。重點不是對外「會不會被討厭」、「別人會怎麼想我」、「跟別人比，我又如何？」的那些疑慮，而是完全以自己的想法作為標準。

**把心裡感受到的「喜悅」、「開心」或是「真讓人為難」等情緒當作標竿。**

**不是「別人會怎麼看我」，而是「我究竟想怎麼做」才是自己所該掌握的尺度。**

當觀測事物的標準變成在社會上交際往來的標準、他人的標準時，自己的防衛線就無法成形了。

## ▼正因有防衛線，才有向外界說「不」的勇氣

擅長交際的人，心裡那條防衛線必定是相當清晰明確的。

因為心中有個主軸，清楚知道自己想要怎麼做，對不喜歡的事就直言「不喜歡」，對自己辦不到的事也有勇氣坦然說出「我辦不到」。

能夠說出這些話，就不用悶悶不樂地獨自煩惱「該怎麼辦才好」。因為心理防衛線會確實保護好自己。

這麼做的話，會被討厭嗎？

不會的，只要好好解釋清楚，對方就能理解你這麼做的理由。該考慮的是怎麼樣的遣詞用句才能讓對方明白你的想法。

但這個世界上有形形色色的人，有的時候不管再怎麼努力還是無法得到他人的理解。這種時候，只要當作是對方拉起了「心理防衛線」就好。

當自己的防衛線與對方的防衛線無論如何都無法互相妥協時，只要心裡知道「世界上也是有這樣的人呢」就行了，毋須與對方有過多的牽扯。

如果有辦法互相讓步的話，當然是能拉近彼此的關係更好。但若實在困難，就抱著「這個人大概跟我沒有緣分」的想法一笑置之吧。

你不用試圖討好世界上的每一個人。

「自己是自己，別人是別人」的想法並非對他人漠不關心，也不是冷漠無情。

能夠堂堂正正地說出「我就是這樣的人」，就代表你已經能認同自己了。不是他人希望你呈現出來的樣子，而是存在於心中的自己本該是這一刻真實的模樣。

修築好「心理防衛線」，以正確的方式好好保護自己吧！

# 挑戰篇

～該怎麼做才能轉換心情，
採取不一樣的行動呢？～

# 5

# 正視受傷的心

得考出更好的成績才行……
嘟嚷
嘟嚷
下一次考試必須考進學年前十名才可以……
如果沒有考到好大學該怎麼……
你駝背好嚴重喔。
早安！
把背挺直，心態也會變得更積極喔。

挺直
真的耶，
好像變得
積極一點了……

## ▼當你為「我以後會變成什麼樣」而感到不安時

當心理的壓力不斷累積，導致身體健康出現問題時，就必須求醫問診、想辦法治療才行。

但是這種時候，比起去細分科別的大醫院就醫，我個人更推薦先去找從小就經常看診的醫生商量一下。

能讓患者輕鬆說出自己正面臨的困境是很重要的一環。如果是超出家庭醫生涉獵範圍的症狀，這樣的情況最好找專門的醫生仔細了解一下，熟識的醫生應該也會幫忙介紹可靠的醫院。

前文（↓32頁）提過自律神經失調無法靠藥物醫治，但很多大人還是會服用藥物來控制自律神經失調的症狀。

例如睡眠導入劑可使人較容易入睡，抗焦慮劑可緩和強烈的焦慮症狀，激素可調節體內的荷爾蒙平衡等。

但我還是希望正處於成長高峰期的十幾歲青少年，不要經常使用藥物。除了藥物有一定的副作用外，在荷爾蒙平衡不時會大幅震盪的成長期，身體對藥物的反應相當敏感，盡可能還是不要依賴藥物為好。

基本上，青春期的你們大概也不會主動說出「我要去看醫生」這樣的話吧。幾乎都是父母發現孩子有哪裡不對勁，才帶著去找醫生諮詢。

話雖如此，但也不能什麼都託付給父母或醫生。至少得把這一章的內容當作防患未然的資訊牢記於心才行。

**無論家人再怎麼關心注意，你的身體狀況、心理狀態，你所感受到的痛苦失意，都只有你才能真正了解。**

如果真的想解決自己身上的狀況，就得抱著「這是與自己切身相關的大事，我必須主動面對」的態度才行。為了儘早解決問題讓自己變得輕鬆，千萬不能忘記積極主動的面對才是最重要的關鍵。

## ▼儲備修復身體的能力

最近針對療傷的觀點也發生了一些變化。

刀傷、擦傷、燒傷……，無論身上受了什麼傷，過去的一般步驟都是先消毒再上藥，最後貼上紗布。

現在則推行不使用消毒水，直接以清水洗淨傷口，為了不使傷口乾燥，周圍的部分必須長時間保持溼潤。這種療法才不容易留下傷疤，患部也能更快復原。

這種治療方式被命名為「溼潤療法」。

比起消毒、上藥、剝除傷口結痂的傳統治療方式，讓傷口保持溼潤狀態更容易使壞死的細胞再生，身體本來就具備的「修復能力」會加速癒合速度。

ＯＫ繃應該是每個家庭的常備品吧。以前為了讓傷口更快乾燥，ＯＫ繃上還會打好幾個小洞使空氣流通，最近的主流療法則是讓傷口保持充分的溼潤。兩相比較下，差別就顯而易見了。

我認為心理的傷痛同樣也是如此。

必須讓身心處在溫暖溼潤的環境中待上一定的時間好好休憩。讓身體湧現出「自然治癒」的力量，從內在療癒心靈的力量是非常重要的一件事。

每個人的身體都具備了「體內平衡」（恆常性）的調節系統。

當自律神經失調，身體出現各種症狀毛病時，不用說真的令人非常難受。有時候自己都變得不像自己了。有的時候，或許還會覺得乾脆死了比較痛快。

但直到生命走到盡頭為止，身體始終不間斷地維持體內平衡，努力修復生理上的異常狀況。與自己本身的意志無關——無論心裡再怎麼痛苦難受，即使失意到近乎絕望，身體都會努力回復到原本的狀態。

身體與心靈始終是緊密相依的關係。

**如果心理的傷痛導致身體健康出現問題，那麼反過來說，只要調整好身體的狀態，心理健康應該也能輕易恢復才對。**

有效運用身體的自然治癒能力來療癒心靈吧。

以這樣的觀點為依據，在尋醫問診之前還有一些你力所能及的事，試著努力一把付諸實踐吧。這也是本章後半段將要深入探討的內容。

## ▼放鬆緊繃的背部，就有意想不到的改變

你是始終無法拋卻壓力，總是為身心的健康狀況煩惱不已的人嗎？或許連你自己都沒有發現，其實你的身體早已在無意識間顯露出某些徵狀了。

例如出現自律神經失調症狀的群體中，有很多人都會不自覺地弓起背脊，以駝背的姿勢示人。

這是因為緊繃的背部肌肉都糾結成塊了。從脊梁到肩膀，再從肩膀延伸至脖頸，這些部位一環扣著一環變得硬邦邦的。

弓起脊梁，以駝背的姿勢示人會怎麼樣嗎？

首先胸部會變得狹窄，無法確實深呼吸，所以才會動不動就喘不過氣；除此之外還會感到呼吸困難、胸悶氣短。

因為腰腹無法施力，總感覺身體軟綿綿地使不上力氣。

走路時的步伐也隨之縮小，看起來無精打采。

那麼，如果緩解了背部緊繃的肌肉結塊又會如何呢？

首先請伸展背脊。

將背部伸展開後，肺部就能吸入大量空氣，呼吸也會變得順暢許多。

↓

只要能確實深呼吸，喘不過氣、胸悶氣短之類的症狀都能得到改善。

因為下腹部能施力了，走起路的步伐變大，整個人顯得精神飽滿。

挺直背脊，頭部自然會向上抬起面對前方，同時視野也會變得寬闊。

↓

駝背則使脖頸向前突出，只能一直低下頭顱。這樣不僅給人垂頭喪氣的印象，自己的情緒也會變得陰鬱，不過只要抬起頭視野就變得開闊，心情也會跟著明朗起來。

緩解背部緊繃的肌肉，改正駝背的壞習慣後，就能帶來這麼多的改變。

當然了，並不是說這麼一來就能徹底治好自律神經失調的症狀。紊亂的自律神經系統想找回原本的節奏，還需要其他諸多條件。

但是，只要放鬆背部緊繃的肌肉，身體和心理都會感到輕快許多。

因為生理和心理有著密不可分的關係，受到心緒糾結的負面影響，苦果必然會反映在身體上；反之只要改變身體的狀態，心理自然也會產生變化。

調整身體的狀態是能讓自己活得輕鬆舒適的一條捷徑。

可惜少有人知道這個道理。

（關於緩解背部緊繃的具體方法，在186頁有詳細說明。）

### ▼不同於「西方醫學」的治療方式

前一節闡述的「緩解背部緊繃」的方法，其實並不屬於醫學知識。而是從一位從事調整身體骨骼歪曲變形的「整體」專家那裡學來的。

以你們的年齡應該不太熟悉吧，除了正規的醫療外，還有整體、指壓、針灸等用來調整身體各方面的技術。

這些技術於古印度和中國發跡，隨後傳入日本，明治時代之前的日本將其應用在身心的治療上，統稱為「東方醫學」。

現在的日本醫學，基本上都是「西方醫學」。

明治時代結束了鎖國政策，大量引進他國的文化與技術，當時只有學習西醫並取得醫師執照的人才可以被稱為醫生。

換言之，醫生指的是學習西醫、具備醫療技術的專家。醫院則是依照西醫的方式為病患治療傷病的地方。

西方醫學與東方醫學有什麼不同呢，就以機器故障打比方為大家說明。

機器故障停止運轉時，西方醫學首先會思考「是哪個部分故障了」，為了確認原因，會經過一番檢查弄清楚是哪個零件故障，然後修理該零件或直接替換。這就是西方醫學的見解與解決方式。

而東方醫學的第一步是搞清楚：「為什麼會故障呢？」引發故障的原因究竟是什麼？重點不在於機器的哪個零件有問題，而是綜觀機器內部整體的連結構造，了解究竟為何出現問題，進而解決故障存在的原因。

不斷導入最先進的科技創造醫學進步，如今各式各樣的疾病都能得到妥善的醫治，這無疑是西方醫學的功勞。

但身體與心靈畢竟有著不可分割的關係，很多時候只考慮特定的某一部分仍然無法徹底解決問題。關於這點，從東方醫學「牽一髮而動全身」的觀點來考量，即使是身為醫生的我們也經常會有「原來如此，以前都不知道呢」的情況發生。

以西方醫學為基礎，輔以東方醫學長年積累下來的智慧結晶，稱之為「綜合療法」。我施行的也是這種治療方式。

以西方醫學以外的方式為患者治療身心健康的各方人士，同樣也讓我學習到各式各樣有趣的知識。

## ▼惡化前採取對策，趁早得到妥善治療

過去的精神醫學認為心理疾病若轉變成身體上的症狀，就能以藥物對神經產生作用，也採用了這種直接的治療方式。但現在已經改變很多了。

我作為兒童精神科醫生，為孩子看診後，一直在思考有沒有不使用藥物就能使患

者好轉的方法，於是便開始往東方醫學的領域深入探索學習。

先遇到的就是中藥。

無論是醫生開的處方或是市售藥品，通過一般管道正常取得的藥品，都是把能緩和症狀的成分經由人工化學合成藥物，所以服用後必然會有其副作用。

而中藥自古以來就是將植物與礦物中對病症有療效的成分加工，製成了所謂的「生藥」。雖然將幾種成分簡單加工，但中藥比一般成藥更重視藥效的搭配，在調配過程中會盡量減少引發副作用的成分。

中藥不像醫院開出的處方藥能在服用後立即見效，卻能潤物細無聲地在體內慢慢展現效用，即使長期服用，副作用帶來的危害也遠不及一般成藥，就算是處於成長期的青少年或對藥物過敏的人也能安心服用。

在東方醫學中，有所謂「未病」的說法。未病是指尚未發展成疾病的狀態。在還沒有診斷出「這是○○病啊」的情況下，也有其護理方式。趁著還未徹底發展成疾病前先想辦法控制健康狀況，就是施行治療的目的。

前一節所說的緩解背部緊繃的神經也是療法之一（↓122頁）。

我不是透過肢體接觸幫病患治療的專家，也不曉得正規的流程，可即便如此，看到一個低頭駝背的人，還是可以判斷出「啊啊，這個人各方面都萎靡不振，好像活得很不如意啊」之類的徵狀。

實際上以手接觸後，發現對方的背部確實硬邦邦地糾結成塊。稍微揉捏擠下，「只要這麼做，就能減緩肌肉緊繃的症狀，人也會舒服許多」，再給予建議，或是轉介懂得整體、指壓的師傅給當事者。

一旦狀況惡化，身心所承受的痛苦也會加劇，還會拖延痊癒的時間。

疲勞是生物警鐘的其中一環。如果是處於稍微有些疲累的階段，只需要休息一、兩天就能立刻恢復精神，愈早應對就能愈早恢復。但若一直勉強忍耐，任由疲勞不斷累積，真的累到極點後，就會拖成麻煩的病症。

能趁著未病的階段就想辦法解決問題是最好不過了。

## ▼把閉門不出的狀態當作「養生期」就好

關於東方醫學，另一個讓我覺得非常棒的觀念就是「養生」了。確實休養生息，加上均衡飲食與適度的運動才能調節身體狀況。重點在於必須調整好身體狀態，才能提升身體的修復能力，也就是自然治癒的能力。

從拒絕上學演變成閉門不出的家裡蹲，無論是當事者本人還是家人都會感到非常不安。

某個整體師傅曾這麼說過：「從自律神經的疾患發作到症狀獲得控制的這段時間，該做的就是放下一切好好休息。因為焦慮與煩惱已經是泛溢出心理防線的狀態，在水位退回到正常數值之前只能專心休養。」

**為了修復潰堤的「心理洪水」，身體需要一定時間的休息。不用擔心太多，因為**

**身體本來就具備了治癒自己的能力**。就當作是為了聚攏體內的修復能量所必須花費的時間吧，東方醫學稱其為「養生期」。

我認為這樣的觀點需要得到大家的重視。

很多人以為孩子拒絕上學是為了反抗父母或是學校而採取的行動，但我認為其實是當事者本人的身體渴望這麼做——這麼做是為了治療自己，為了傾聽身體內部發出的聲音。

「為什麼你不能去上學？」、「你到底在想什麼啊？」、「所以你什麼時候才願意去上學？」

即使被這麼質問，但孩子自己也搞不清楚，根本無法給出答案。

這就像把刺激性的藥物撒在傷口上，又像是被迫撕開快要癒合的傷疤。

不該是這樣的，創造出舒適的溼潤環境才是重點啊。在這段養生期間，生活的節奏、飲食習慣也必須多加注意，比起情緒更應該把注意力放在身體需求上，將治療擺在第一順位。確實實行以上幾點，就能啟動自然治癒的能力，恢復身心健康也就指日可待了。

## ▼有個令人安心、安全的「溫暖小窩」，才能專心休憩

每個人都有身體狀況一切正常，但就是「不想去上學」的時候。

每到這個時候，家裡人就會叨念「你在說什麼啊，真的是肚子痛嗎？該不會是裝病吧？」或是「之前你也這麼說，也跟學校請假了，結果還不是躲在家裡玩！」之類的話，你也有過這樣的經驗嗎？

被家裡人不分青紅皂白地指責，真的會很難過吧。於是悄然滋生的壓力好像又讓肚子加倍疼痛了。

該如何讓父母接受從自己口中說出「不想去上學」這句話，對孩子來說是個非常重要的問題。

在這種時候，如果自己的要求沒有遭到否定，反而得到家裡人的應允：「是嗎，那今天就待在家裡好好休息吧。」當事者也會鬆了一口氣吧。除了自己的要求被重視並認可，身心自由得到保障而感到安心之外，父母願意給予信任可以說是上了雙重保險的安心。

有一個安心的環境能徹底包容、支持著自己，實在是萬幸之事。

曾有個在家裡閉門不出長達十年的過來人，在恢復健康後回首過往時，這麼說道：「雖然我常對家人說『煩死了』、『別管我』之類的話，但我的內心深處其實是希望家人們不要丟下我不管。」

「你還是不能去上學嗎」、「得想辦法解決這個問題才行」，都是當事者最不想聽見的話，一聽就感到焦慮煩悶。但也不是希望他們對自己完全置之不理，當事者也會渴望得到關於外界的訊息。

當事者的母親就常常跟他說一些再平凡不過的生活瑣事。

「我就感覺今天挺冷的，果然下雪了呢。」

「我在路上遇到你小學時候的朋友，就那個〇〇。他現在在〇〇高中讀書，還加入了管樂社團，在裡頭吹小號呢。」

「你姐姐好像交男朋友了。」

儘管當事者不回應隻字片語，他的母親依然三不五時地向他提一些家裡長短。

這對把自己關在房間裡，只能從電視或網路上得到新資訊的當事者來說，無疑是非常貼心的生活調劑。得知「在我變成這樣的時候，這個世界依然如常運轉」，原本沉重的心情好像也稍微輕鬆一點了。

「雖然當時我沒辦法對母親說的話做出任何反應，但我真的很感激她能以話家常的方式讓我得知外界的情形。直到現在我還是非常感謝我的母親。」

當事者如此說道。

在靜默著潛伏不出的這段期間，有個能讓自己安然度日的環境非常重要。

總有那麼一天，必然會出現讓你打開房門重新接納這個世界的某種契機。

## ▼變化的徵兆正「伺機而出」

前文提到心裡感到痛苦的人，身體上必然會出現某些特徵，總戴著口罩的人代表有很強的防備心，不想曝露在眾人眼中。

來到診所接受治療的患者若是願意脫下口罩，就表示他已經踏出敞開心門的第一步了。

許多十幾歲的青少年會用頭髮遮掩自己的樣貌。任瀏海披散，遮遮掩掩讓人看不清楚五官的髮型，正是想把自己藏起來的心境展現。

有個從國中就拒絕上學、閉門不出的男孩子被他媽媽帶來這裡看診了五年。他蓄著一頭長髮，從背後看去像個女孩子一樣。每次見他都是一頭長髮，戴著口罩、彎腰駝背的模樣。

來到我面前，卻一句話也不說。

在嘗試各式各樣的治療方式後，某一刻他突然開口了，還霹靂啪啦說了一大段話。之後那孩子就漸漸改變了，體態也改正許多。

後來他挺直了背脊，剪去一頭長髮，並將剪下來的頭髮捐給專為因疾病治療或脫髮症而為頭髮所苦的孩子們設立的捐髮機構。

學會抬頭挺胸，換了清爽的髮型，脫下口罩的他簡直變了一個人。

我也不知道究竟是哪種治療方式改變了他。只能說該來的時候總會到來，一切只待時機成熟吧。也許是他偶然得知捐髮機構的存在，明白自己的頭髮可以幫助有所需求的人，於是成了改變他的契機。

改變的徵兆在自己體內生根發芽是很重要的一件事。至於這顆小小的幼苗究竟是什麼，旁人肯定不得而知。

在我的診療室裡，還有另一個從國中開始拒絕上學，直到過了二十歲依然蝸居在家的女孩子。

由於小兒科診所的看診對象最多只十七、十八歲，在結束醫療關係後的某一天，她突然來到診所找我。

詢問了她的狀況後，才知道她跟一位從東京回鄉來的老同學在新年期間碰面了，而且還因此受到刺激，甚至湧起了「我也得更努力才行」的想法。

究竟是什麼打開她心裡的那道開關呢？從那個時候起，她開始積極參與活動，還報名專門學校學習她喜歡的繪畫課程，慢慢找回了原有的活力。

周圍的人或許認為她既然拒絕上學，肯定也不願意再見到當時的同班同學吧，但世事並無絕對。也有看到其他人神采奕奕努力開拓未來的模樣，「我也可以放手去做自己喜歡的事啊」進而鼓起勇氣，終於願意打開心房的案例呢。

## ▼人是可以改變的！

經歷長時間的休養，仔細觀望這一段過程，終於又能回歸社會。

十年或許還不夠，有些人甚至得花上近二十年的時間調適。不過只要能好好養生，熬過專注己身的這段過程，必定能踏出那一步。

所以儘管花了很長的時間，但狀況並沒有惡化。

所謂惡化，是指真的患上了疾病。沒有確實做好養生的步驟，反倒還搞不清楚自己內心的壓力來源。

愈是想隱藏，就愈容易累積更多的負面情緒造成壓力。但只要放棄隱瞞的想法，就會活得輕鬆許多。

**心理治療的原則，第一步就是要學會傾吐**。

傾吐出來，你就能透過那些字句審視自己的存在。

可以將其編寫成文章，也可以找個人訴說。或利用郵件、LINE等工具，各種可以任你傾訴、找人協商的方式都已經為你準備好了。

總低頭凝視自己的腳尖，就會錯失伸到面前的援手，還有傳遞外界消息的窗口。

總而言之，你必須要懂得「釋放」。

當你什麼都「不說」、「不願意表露」，即使告訴你有改變的方法，你也「不會做」。如此一來，你所感受到的痛苦、難受也「不會有任何改變」。在面對焦慮與恐慌時，這種「什麼都不要」的態度是習慣將心門緊緊關上的人所具備的特徵。

或許你會說：「我也想改變，但就是改變不了啊。」

恕我直言，你是真的有心想要改變嗎？

你心裡難道沒有被「我還是不行」的想法占據嗎？

只要懷著「沒辦法」、「我無能為力」的消極念頭，思維就會呈現停頓狀態。也不再考慮接下來的狀況要如何應對了。

或許你根本還沒有做好心理建設。

**其實只要不斷重複「我能改變」、「天無絕人之路」這類的關鍵字，人就會繼續思考。只要不斷思考，必定能想出解決的方法。**

在這一層面上，言語的存在就顯得無比重要。

下一章就要向大家解釋何謂言語的力量。

# 6

# 說出口的話，
# 也會為心帶來轉機

最近，不管做什麼都不覺得開心……
為什麼會這樣呢……
妳今天怎麼無精打采的啊？發生什麼事了嗎？
唔……
我們出去走走，轉換心情吧！

對喔……
我可能是太悲傷了……
妳覺得悲傷……
是發生
什麼事了嗎？
你願意
聽我說嗎？
其實啊……

## ▼你是哪一派？

杯子裡裝了一半的水。面對這一情景，你心裡是怎麼想的？

□ **只剩下一半了。**

□ **還有一半呢。**

「事實」只有一個。不過要以什麼方式看待，則因人而異。

再來一道問題吧。你正在攀登富士山。從五合目開始起步的你們現在到達了八合目，此刻你的心情是？

□ **怎麼只爬到八合目啊？還要走多久啊？快喘不過氣了，頭也好痛，累死人**

了。真的爬得上山頂嗎？我沒有自信啊。

□ 已經到八合目了啊。感覺空氣變得稀薄，是因為這裡的海拔很高的關係吧。

只差一點點了，我一定要登上山頂！

你是哪一派呢？

「怎麼只爬了一半」、「才到八合目而已啊」，會這麼想的人，對待事物的看法多是抱著悲觀心態。而想著「只剩一半了」、「已經到八合目了唷」的人則傾向樂觀。

明明是同一件事，卻有著完全不同的接受方式。

人類的大腦除了有感受焦慮與恐慌的「悲觀腦」迴路外，同時也存在著感受快樂與幹勁的「樂觀腦」迴路。兩邊的機能並無不同，但對事物的接受方式卻有著天壤之別，其實差別就出在端看你和哪一邊的迴路比較容易銜接上。這也可以看作是當事者在思考時的習慣。

## ▼改變待人接物的方式

悲觀的處世之道會對未來感到非常憂心。「要是沒有水了該怎麼辦」、「我可能沒辦法爬到山頂」等等，會對還沒有發生的事擔憂掛心、杞人憂天。這便是造成壓力的「芽」。

同樣的狀況，樂觀型的人會借助過往的經驗，告訴自己「沒問題」、「一定會有辦法的」。所以樂觀的人不太會感受到壓力，給人的印象也更有自信。

若要說有哪裡不一樣，就是對待事情的「接受方式」所有不同吧。

容易累積壓力的人，對任何情況都會不由自主地感到憂慮。

容易感到憂慮是你的性格、本質的一部分，想要改變並不容易。不管再怎麼希望自己「不要察覺那些煩惱」，還是會為煩惱所苦，這是沒有辦法的事。

雖說敏感是與生俱來的氣質，但也不是所有人都會累積過多壓力造成身心的平衡崩塌。

與煩惱為伍雖然是無法改變的事，但要怎麼接受現實卻是屬於思維上的習慣，只要多加注意必能有所變化。

想要改正習慣，最有效率也能最快達到目標的做法就是仔細斟酌「遣詞用句」。

## ▼從遣詞用句開始，改變思維習慣

我們來思考一下「言語」究竟是什麼吧。

單憑思慮與念想，只會給人飄渺無依的感覺。

直到「言語」形成，才終於有了明確的意思。

我經常以「雪景球」來作為例子。

在土產店或文具店之類的地方，都有販售把小人偶和建築物等迷你模型裝在球型或半圓型透明容器中的裝飾品吧。裡頭還會加入很多用來當作雪花的白色顆粒，稍微動一下就會在容器中飄散舞動，彷彿真的下了一場大雪。

若把半圓型的容器當作你的腦袋，白色顆粒漫天飄舞的景象則是你漠然「思索」、「考量」的狀態。

每一顆雪粒都是一個想法的「種子」。但光是這樣，依然只是飄忽不定的念想罷了。當雪粒不斷翻飛舞動，球體內部就變得朦朧不清，什麼都看不清楚。

將腦海中這些飄渺無依、朦朧不清的念想逐一整理，使其「結晶化」的就是言語。直到組織出言語，一切才有了明確的形態。

我覺得是這樣、我是這麼想的、我認為……。無論是書寫文字或開口說話，人都得透過言語來表達心中所想。

只有組織成言語，腦海中的想法才會被賦予意義。

焦慮迴路較為活躍的人，容易與擔憂、不安、恐慌等悲觀因素產生聯繫，一不注意就會脫口說出喪氣焦躁的話語。儘管還有許多樂觀因素存在，卻早已習慣和負面情緒緊密結合。

在心理療法的範疇中，有很多手段可以修正這樣的習慣，其中也有從遣詞用句改變思維習慣的方法。以言語和行動來改變扭曲的認知，便是「認知行為療法」的其中一項。

**只要替換平時慣用的詞彙，就能使思維模式、待人接物的習慣隨之改變。修正思考時的不良習慣，你的生活方式將會出現前所未有的變化。**

## ▼「不爽」究竟是什麼樣的情緒？

有個來接受治療的小學男生，動不動就把「不爽啦」、「有夠不爽」掛在嘴邊。

我便問他：「『不爽』究竟是怎樣的感覺？我實在不太明白，你可以告訴我嗎？」

於是小學生跟我說了一些學校裡發生的事。原來是同學在某天做了令他厭惡的事，所以他才那麼生氣。

「是嗎，原來還發生了這樣的事啊，這應該是『不甘心』的感覺吧。」我這麼告訴他。

「嗯哼，原來這種感覺叫『不甘心』啊。」他喃喃應聲。

當時只是三年級小學生的他，即使聽過「不甘心」這個說法，也不太能理解是怎樣的感情，更遑論與自己感受到的情緒互相連結了。

因為遇到這種事的時候，大家都會用「不爽」兩個字來概括表達，所以他也只想得出這個字眼，便不做多想地掛在嘴邊而已。至於「不爽」到底是什麼意思，恐怕那孩子自己也不太明白吧。

除此之外，我還曾聽他嚷嚷著：「啊啊，真不爽。啊啊，實在太不爽了。」便問他：「發生什麼事了嗎？」小學生說是因為「喜歡的漫畫出新的一集了，跑去買的時候才發現到處都賣光了，根本買不到」。

「哈哈哈，那真是太遺憾了。這種感覺叫作『失落』。不過只要向書店下訂單，等再進書時，書店就會連絡你了。也可以拜託你的爸爸媽媽，請他們幫你在網路書店訂購啊。失落就是轉念一想，『下次還有機會』的意思喔。」

聽我這麼解釋後，他的心情似乎也平復了不少。

用來表達感情的詞彙那麼多，但由於他只知道「不爽」一詞，就只能把所有負面的情緒都化作「不爽」二字。

雖然是以小學生舉例，但在學習語言的過程中，你是不是也有找不到確切的詞彙來表達內心情感，只好使用常見的字眼聊以抒發的體驗呢？

## ▼「煩死了」、「去死」這些話背後隱含的意義

我想「煩死了」、「去死吧」這些口頭用語應該也是差不多的意思吧。

「煩死了」是包含「覺得麻煩」、「煩躁」、「鬱悶」、「太費事而令人厭煩」等用來表達心情不痛快的詞彙。或許是簡略的說法更容易成為口頭禪的關係，你們這一代的

年輕人似乎經常把這句話掛在嘴邊呢。

這麼簡略潦草的一個詞，究竟是想向對方傳達怎樣的情緒呢？

是「我已經很煩躁了，拜託不要管我」嗎？

或是「這件事很麻煩，我一點都不想做」呢？

也可能是「這麼做讓我很不舒服，希望你能停止」的意思吧？

在說出「煩死了」這句話的背後，一定也隱藏著類似的感情吧。只是將其簡略成短短幾個字罷了。

「去死」則是更嚇人的說法。簡單兩個字，卻已經殺死了對方。

那麼，在說出「去死」這兩個字的時候，又是抱著怎樣的心情呢？

說不定是「從我的眼前消失」、「不要跟我扯上關係」。

也有可能是「我不想再跟你說話了」、「這個話題到此為止」。

甚至是「我討厭你」、「厭惡你的存在」也不一定。

但無論如何，應該都不會是「希望你去死」、「我想殺了你」的意思。如此說來，「去死」這兩個字恐怕也不是正確表達內心想法的詞彙。

**不管是「煩死了」或「去死」，都只是為了傷害對方而脫口而出的「惡毒話語」。**

事實上，在這些惡毒話語的背後，必然存在著某些不一樣的情緒。只不過沒有即時汲取那些感情，而是就近選擇了簡短有力的單詞來一筆帶過。

這些細膩微妙的感情，就這麼被塞進雜亂不堪的大桶子裡置之不理了。

大腦會記憶這些狀似有形的言語。一再地反覆使用，腦迴路自然容易產生聯繫。每當有需要，就會從記憶的抽屜裡翻出經常使用的字眼。

可是這些簡略的字句並沒有確實表達出自己內心的情感。

當你說出「煩死了」、「去死吧」的時候，心情有變得比較輕鬆嗎？

難道不覺得心裡好像有一塊疙瘩，讓思路都變得混亂不堪嗎？

若是養成動不動就將情緒丟進桶子裡的壞習慣，就沒辦法認識更多能準確表達自己心情的詞彙。

而言語也不會進化成使混亂的腦袋變得條理清晰的有效工具了。

## ▼豐富詞彙量，心情也會變得平靜

我的診所裡貼了一張「表情海報」。海報上畫有各式各樣的表情，是為了讓孩子們知道出現這種表情時，代表了什麼樣的情緒。

在和經常把「不爽」掛在嘴邊的小學生交流，告訴他「這種感情就叫『不甘心』、『失落』喔」的時候，我也一邊指著表情海報，一邊詢問他：「今天的『不爽』是怎樣的心情呢？」

煩躁惱怒，想報復對方、不甘心、失落、真的氣到怒火中燒……，一旦知道憤怒或不滿的情緒也有各式各樣相對應的表情時，就不會再單純地以「不爽」來一筆帶過了。

只要增加能確實表達情緒的詞彙量，即使是小孩子也會變得沉穩平靜。

孩子會亂發脾氣，其實是因為想表現自己的感情卻無法確切傳達，當言語難以抒發內心的情緒時，人就會變得極不耐煩。

至於尚未具備「言語」功能的小嬰兒，無論是覺得熱了、想睡覺了、肚子餓了、尿布髒了……，全都只能靠哭泣表達。然後在成長的過程中，慢慢學習比哭泣更能確實傳達心意的方式。

對人類來說，學會運用言語就是成長的證明。因為言語是能輕鬆傳達心中所想的重要工具。

所以只要豐富自己的詞彙量，心緒也會感到平靜安寧。

只要吸收更多詞彙，你們現在感受到的煩悶、焦慮就會逐漸減少，也不會動不動就發火了。

「真不爽」、「煩死了」、「去死吧」，你是不是時常不經深思地使用這些字眼呢？

還有「完蛋了」這句話也被隨意應用在各種場合上吧。

我不是要你避開已經用慣的詞彙，只是希望你能多想想在這個時候脫口而出的「完蛋了」究竟代表了怎樣的意思。

言語是將思想「結晶化」的成果。

在小學的化學實驗課上，大家應該都有製作結晶的經驗吧。

原本混濁的水溶液中結出晶核，將滴流下的細絲凝聚起來就能製造出大顆的結晶。例如明礬就是以這種方式製成的。

當溶液中的成分形成結晶，原本混濁的液體就會變得清澈透明。

只要將其結晶化，使混沌朦朧的原形變得清晰明朗，心情也會因此清爽舒暢。

## ▼改變慣性思維的訣竅，就是「逆轉」意識

讓我們把話題轉回改變待人接物的習慣上。

悲觀腦的人，若想改變動不動就陷入負面思考的習慣，其實只需要把意識擺在

「逆轉」一事上。

平常是怎麼想的，只要反過來做就可以了。

不只是在心中這麼想，脫口說出來，或是寫在紙上，這樣效果會更為顯著。透過書寫下來、向他人傾訴的方式，在反覆思考這件事的同時，強而有力的信號也會源源不斷輸入大腦。

在覺得「不可能，我絕對辦不到」的時候，請試著開口說出：「不是不可能，我能辦得到！」

不是「只剩三天就要考試了」，而是「還有三天的時間呢，我還可以背下許多內容，一定沒問題的」，大大方方地把話說出來吧。

只是抱著逆轉的想法，改變常用的遣詞用句，便能清楚感受到自己不再動不動就覺得焦慮不安了。

但若因此就心安理得、什麼都不做可不行喔。嘴上說著「還有三天，沒問題的」，卻不抓緊時間備考衝刺，只顧著玩樂睡覺又有什麼意義呢？如果不付諸行動，事到臨頭反而會被更強烈的不安擊垮。

總是畏縮不前，認定自己「不擅長在眾人面前說話」的人，如果哪天被提名為學生會長的候選人又會是什麼情形呢？

有的人以前從未接觸過這方面的事，也不知道自己究竟能不能勝任。但鼓起勇氣試著挑戰後，才發現原來自己還挺適任學生會長的職務。

有的人再三表明了「我絕對不要在一群人面前做什麼引人注目的事」，但因逆轉思維而加入啦啦隊，最後在大家的推舉下成為啦啦隊長。

容易受人影響、優柔寡斷、問什麼都說「我也一樣就好」的人，在跟朋友見面之前就該定下目標，例如「今天一定要主動開口說出『我們來做這個吧』」。

不是在朋友詢問「你覺得怎麼樣？」時，回答對方「嗯，我都可以」，而是要反過來站在主導的立場，主動提出：「嘿，要不要這麼做？」

將腦袋裡的想法付諸實行吧。若是進展得順利，就能感受到「太棒了！」的喜悅情緒。

「自己好像變了一個人」的感覺有多美好，希望大家都能試著體驗。

**只是改變遣詞用句就能成為截然不同的自己，這樣的「成功案例」將會作為成功體驗被大腦記憶留存。**

「只要這麼做就能成功」的信號也會深植在大腦中。

當這種情況不斷增加，就會抑制焦慮迴路的活躍性，當事者也會變得更有自信。

心境會因不同的用詞而產生變化。改變這一點，你的世界將煥然一新。

## ▼以逆轉思維面對不知該如何相處的人

在跟不對盤的人接觸時，最適合用來試驗「逆轉」意識的效果。

老是說些惹人厭煩的話、不願意給予理解和尊重、相處起來就是覺得煩躁、各方面都折騰得沒完沒了……，身邊總會有這樣的人存在，對吧？

讓你忍不住冒出「我真的沒辦法跟他相處」、「好討厭啊」的想法。

於是就不自覺地避開面對他的機會。

無論如何都無法避開的時候也只能無奈應付，心情卻沉重得恨不得立刻逃跑。

在這種情況下，根本沒辦法看著對方的眼睛說話。即使交談也是心不在焉，只能聽對方說些無趣的話題，暗自想著「真想快點擺脫這個人」。

為了修正這樣的關係，必須有意識地做些相反的事。

絕對不可能喜歡那個人？

先不說會不會喜歡上對方。就算討厭那個人，反感那個人說的話都沒有關係，總之要先接受對方。同意對方的觀點。

再好好地訴諸言語，傳達給對方。

「你說的沒錯。」

「我也覺得是這樣。」

「謝謝你告訴我這個好消息。」

記得站穩認可對方的立場。

向對方表達你的「感謝」之情。

可是這麼一來，不就得照自己所說的去執行嗎？

其實倒也並非如此。

**當對方以為你必然會產生抗拒時，只要給予認同，對方想嚴厲苛責的念頭就無法成形了。**

一句簡單的感謝，便能讓彼此之間的關係不再繼續惡化。

這一招逆轉忍術，是不是可以命名為「認同．感謝之術」呢。

不管心裡再怎麼痛恨厭惡，都不該表現在態度上。說話時，一定要好好看著對方的眼睛才行喔。

只要這麼做，一定可以改變和對方不和諧的關係。

你一定也能感受到逆轉言語的驚人威力。請務必親自體驗。

## ▼任何一種缺點，反過來看都是優點

容易悲觀的人，很難舉出自己的優點。

這種情形同樣也能靠逆轉思維來解決。

我全身上下都是缺點……，就算本人這麼想，但缺點反過來說就是優點。只要逆向思考，必然會存在優點。

我來舉幾個例子吧。

「總是很難下定決心，做什麼都優柔寡斷」，反過來就是「行事慎重且深謀遠慮」。

「個性陰沉」反過來就是「有沉著穩重的一面」。

「一旦開始鑽牛角尖，就會對周圍的一切人事物視而不見」，反過來就是「注意力非常集中」。

「做什麼都容易厭膩，無法長久持續」反過來就是「切換速度很快」。

「頑固」反過來就是「抱有信念」。

「性情急躁」反過來就是「擁有瞬間爆發力、行動力強」。

「敷衍了事」反過來就是「心胸開闊」。

諸如此類的例句，不勝枚舉。

重點在於「反過來又是如何呢？」、「逆向思考，會是怎樣的意思？」必須養成隨時逆轉思維的習慣。

**只要豐富自身的詞彙量，不僅視野變得更開闊，思想也會更加奔放自由。**

## ▼找出值得讚揚的優點

面對難以應付、感到厭惡、帶有負面印象的人事物時，注意力不自覺地就會集中在那些不好的地方。

可是其中應該也有不錯的、值得被讚揚的長處吧？請試著培養出這樣的觀點。

如果討厭青椒到實在無法下咽，就試著找出青椒的優點吧。例如「有豐富的維生素」、「營養價值高」、「漂亮的綠色」等。就算討厭入口的苦澀味道，也不能否認那是「對身體有極大益處的苦味」。

如果討厭數學，就試著寫出學會數學能帶來的好處。不管是「提升計算能力」、「給人聰明的印象」、或「可以朝理科邁進」都好，想到什麼都可以寫下來。總之就是要找出優點。

**即使是討厭的東西一定也有其優勢，不乏值得稱道的地方**。不要把注意力聚焦在厭惡、難應付、不喜歡的方面，而是要找出好的一面，與自己的感情切割開來。

擺正「一碼歸一碼，這是這、那是那」的觀點。

如此一來，就能改正只看得見缺點的習慣了。

而臻於極致，就是找出討厭的人身上的亮點。

先把個人的厭惡放在一邊，找出那個人所擁有的優點、了不起的地方吧。社團裡那個傲慢自大的怪獸學長肯定也有他的過人之處。

無論是青椒、數學、還是討厭的人，一定都有很棒的地方。發現這一面並以自己的觀點闡述出來，是很重要的一道步驟。

只要專注在對方值得稱許的長處上，就是能彼此妥協的一大步。在施展「認同・感謝之術」時，也可以試著告訴對方他的優勢所在。

例如簡單的一句「學長的技術太強大了吧」。

改善彼此關係的可能性也會因此大大提升。

## ▼多方蒐集能讓自己獲得能量的詞彙

改變遣詞用句就能改變自己的心態和行動方式，這一點大家都明白了嗎？

在漫不經心度過的時間長河中，每個人都會接觸到很多詞句。或許會遇見刺痛自己的話語，也可能是令自己醍醐灌頂的名言。

有時聽著歌，就突然發現能表達自己內心想法的歌詞。

在漫畫或各類書籍裡也不時會出現激勵自己奮發向上的台詞。

現今的社會，每個人都會在社交網路上傳送各式各樣的文字訊息。在這之中，是不是經常能遇到讓自己心頭為之一震的詞句呢？

如果有「啊，這句話真不錯」的感觸浮上心頭，就趕緊將喜歡的句子記錄下來。

**蒐集自己認為的名言佳句，將它放在心底。**

**因為將來必定會有許多機會讓你驗證，這些佳句都是能夠為自己增添勇氣的心靈資產。**

作為參考，我先來推薦幾句不錯的句子作為參考吧。

## ●「煩躁焦慮是一天，歡欣雀躍也是一天」

無論是一整天都焦慮急躁、坐立不安地任壓力累積，或一整天都滿懷期待而開心雀躍，同樣都是一天。

既然如此，何不用輕鬆愉悅的心情來度過呢？

## 「過去是過去，現在是現在」

為何悲觀的想法占據上風時，就會感受到強烈的焦慮不安呢？那是因為透過以往的經驗，大腦估算出「應該會很困難」的結果。這時候如果仍一味認為「果然如此」而輕言放棄的話，不管經過多久都不會有所改變。

相對於抑制冒險精神的腦迴路，更應該懷抱著「現在的我跟以前已經不一樣了」的想法與過去切割。「我能做到」、「一切都會順利的」，當你描繪出充滿希望的未來藍圖時，就會燃起一股動力推著你向前走了。

## 「成為理想中的自己」、「我就要這麼做！」

當你準備做些什麼，試著踏出第一步時，最好能以一句強而有力的宣誓來表達自己的決心。

「我想這麼做」、「我想那麼做」的「想做」即是願望、希望的意思，卻缺乏鼓舞自己的力量。

你需要的是「我要這麼做！」「我會變得更好！」的堅定陳述。透過不斷說出堅定的語句激勵自己付諸行動，所謂的覺悟、心理建設也會因此更加穩固。

### ●「凡事都要勇於嘗試」、「即使失敗也不過是回到原地」

因為是從未有過經驗的第一次，失敗是再理所當然不過的事。想要挑戰某件事物時，其實不用太害怕失敗。秉持著「凡事都要勇於嘗試」或「即使失敗也只是回到原地」的心態，才更能果敢地踏出第一步。

### ●「再多嘗試一點吧」、「抱著輕鬆的心情去做吧」

如果一開始就想挑戰高難度，恐怕容易遭受挫折。太過執著於「要開始新的挑戰了」，就會顯得虛張聲勢。

其實只要以正在做的事為基礎，再稍微往前一步就好……。在不造成壓力的前提下，「再稍微多嘗試一點」循序漸進慢慢來就可以了。

## ●「沒問題！」、「我辦得到，我可以的」、「只要這樣就好」

挑戰新事物時，為了不屈服於失敗或恐懼，肯定自己就成了非常關鍵的一大要務。緩解因不安和緊張而頹靡不振的情緒，讓自己感到安心，認可現在的自己才能繼續向前邁進。

## ●「辦不到的事就是辦不到」

如果你很難拒絕他人的請求，更應該不斷重複這句話用以告誡自己。

辦不到不代表消極或無能，而是將心理防衛線劃分清楚，認真保護好自己，這句話值得永久珍藏。

## ●「你擁有繼續加油的動力」

「加油吧」其實是一句有點困擾人的話。「就算你這麼說，但我已經這麼拚命了，實在沒辦法再繼續加油了啊……」有時候也會因此讓人萌生退意。

但是，「你擁有繼續加油的動力！」跟「加油吧」並不一樣。這句話隱含的意思是「因為你具備這樣的能力，所以一定辦得到」，是為對方聲援的鼓勵。

有沒有覺得下腹部驀地湧起一股澎湃的力量呢？

這句話不用非得透過他人傳達。

你大可以出聲告訴自己「我還有繼續加油的動力」，或是把這句話寫下來貼在牆上。這麼做同樣也能鼓舞自己。

## ●「人生有苦也有樂」

我詢問喜歡把這句話掛在嘴邊的國中生，這句話你是從哪裡聽來的，他說是奶奶告訴他的。這個國中生是個很黏奶奶的孩子。他的奶奶非常喜歡《水戶黃門》這部電視劇，這句話便是出自主題曲的其中一段歌詞。

人生有苦也有樂，要說理所當然也確實如此。只要把這句話放在心裡，遇到痛苦或難過的事時，自然會想到「人生也會有不順遂的時候」，坦然接受眼前的磨難。

## 「免煩惱啦」

這句話是某個沖繩人告訴我的。來自沖繩的方言，意思是「總會有辦法的」（不用擔心啦）。是一句能讓悶悶不樂的心情放鬆的溫暖話語。

比起文字，聽沖繩人以特有的口音說出這句話時更具療效喔。

## 「都不一樣，都很好」

這句話出自金子美鈴的詩篇〈我和小鳥和鈴鐺〉的其中一節。

我即使張開雙臂

也無法飛上天空，
如同在空中飛翔的鳥兒
也無法像我在地面奔跑。
我再怎麼晃動身體
也發不出那優美的音色，
但那鳴響的鈴鐺
也不如我知曉歌曲無數。
鈴鐺、小鳥、還有我，
都不一樣，都很好。

和其他人不同也無妨，因為各有各的好，這首詩要傳遞的就是這麼簡單的道理。明明是同一件事，為什麼我就是不能像其他人那樣做好？當你為此責備自己的時候，只要把「都不一樣，都很好」這句話大聲說出來，便能灑脫地看待一切了。

## ●「我敢說如果沒有伙伴幫忙，我就無法活下去！」

這是某個國中男生告訴我的，好像是出自漫畫《航海王》男主角魯夫的台詞。因為身旁總是有一群好伙伴幫襯，不管遇到多麼艱難的困境都能化險為夷。國中生說他很喜歡「我敢說如果沒有伙伴幫忙，我就無法活下去」這句台詞。

我告訴他「這是坦然接受自己也有軟弱之處的意思呢」，他聽完用力點了點頭。

這個男孩子對自己非常沒自信，也為此深感煩惱。認為自己沒有半點可取之處的男孩子在參加社團後也認識了幾個好朋友，是朋友讓他重獲新生。

不用獨自拚命努力也沒關係，因為身邊總會有朋友幫忙，只要明白這一點就能以從容的心態面對一切。

## ●「認輸吧、認輸吧、認輸吧」

最後請容許我隆重介紹本人非常喜歡的箴言語錄。這是出自音樂人ＡＫＩＲＡ先生的〈敗北之歌〉中的幾句歌詞。

嘗過敗北的滋味
才能得到救贖
認輸吧　認輸吧　認輸吧
感受失敗的痛苦
認輸吧　認輸吧　認輸吧
你必須有承受失去的勇氣
留下的傷痕會令你更堅強

聽著這首歌，我打從心底認為「這真是首好歌啊」。

了解自己的本質，尋找適合自己的生活方式，當你明白真實的自己才是最珍貴的，應該就不會活得那麼辛苦了。因為總在和周圍互相比較，認為自己也得做出相同的成績、絕對不能輸給別人，因此才會承受過多的負荷。

人經由失敗，明白自己的極限所在。同時也能更深刻領領悟生而為人的痛苦。

從未嘗過失敗滋味的人，無法理解失敗者心中的苦澀與遺憾不甘。只有親自品嘗箇中滋味，才會對他人的心情感同身受。

體驗挫折與失敗是人生中非常重要的課題。

人們常說「雖敗猶榮」，但人生並沒有所謂的輸贏。

在我看來，應該是「敗也敗得有價值」才對。

推著你前進的名言佳句、能讓你感到暖心的鼓勵又是什麼呢？

就用那些鼓舞自己的美好祝願填滿心房吧。

# 7

## 不勉強自己，心靈輕鬆降壓

我也不知道為什麼，就是覺得好難過喔。
也是會有這種時候的嘛。
哭出來可能會輕鬆一點喔？

強忍著不哭，真的很難受吧。
謝謝妳
哭過之後，好像的確有輕鬆一點了。
那真是太好了。

## ▼現在的你，需要的是？

究竟該怎麼做，才能掙脫眼下令自己痛苦不堪的生活呢？

在第六章，已經向大家宣導改變遣詞用句便能替換慣性思維與行動的方法。

本章將會介紹更多不同的技巧與方法（既然是讓自己舒適放鬆的技巧，就命名為「放鬆技巧」吧）。

深入了解後，其中可能會有令你感到意外，甚至是「從出生到現在，我從來沒有做過這種事」的方式。正是因為從未接觸過，或許這就是造成你身心痛苦、疲憊不堪的主要原因。

試著多方嘗試，搞清楚自己真正需要的究竟是什麼，為了讓自己更舒適自在地活著，請努力抓住其中的訣竅吧。

## ▼疲憊的你，休息一下也無妨

自從拒絕上學，有些人因為各種原因無法再開口說話，來到診所尋求幫助時已是一副精疲力竭的模樣。

當事者本人或父母都秉持著「學生怎麼可以不去上學呢」的觀念，而他們是相當普通的一家人。所以從來沒有人提醒他「還是好好休息一陣子吧」，只要狀態稍微好轉，就會立刻被要求「趕快去上學」。

當事者也非常努力想儘快回歸校園。

然而現實的情況是精力損耗過大難以為繼，身體已經發出「我真的去不了……」的哀號。這樣的案例其實並不少見。

在身體敲響疲勞的警鐘之際，最妥善的做法就是獲得充足的休息。若不這麼做，只會讓自己陷入惡性循環。**當心理創傷演變成身體上的症狀，真的就必須「好好休息**

一下」了。

話雖如此，但好像很多人搞不清楚到底怎麼做才算是真正的「休息」。

畢竟待在家裡也無事可做，乾脆來打電玩吧。

如果是為了轉換心情，稍微玩一下倒無可厚非，也能當作是讓自己休息的一種方式。但若是一直玩個沒完，晚上熬夜不睡，早晨爬不起來……，這可就完全本末倒置了。對電玩成癮，還怎麼讓身心得到充足的休息呢。

到底什麼是休息？現在我就來為各位解釋一下。

首先是必須擁有充足的睡眠，以去除身體上的疲憊。在十幾歲的年紀，每天最好能睡滿八至十個小時，這一點你知道嗎？(↓47頁)

然後是均衡的飲食，一日三餐必不可少；以及緩解僵硬緊繃的身體肌肉，讓自己變得輕鬆；最後是消除壓力，找回心靈的寧靜安穩。

必須滿足以上這幾項條件，才稱得上是「休養」。

## ●放鬆技巧的要領1　讓身心得到充分的休息

①充足的睡眠
②營養均衡的三餐
③放鬆緊繃的身體
④消除壓力

### ▼傾吐負面的情緒

想要消除壓力，就得先搞清楚是什麼讓自己產生了壓力。必須將憤怒、不滿、焦慮等盤踞心中的負面情緒全部發洩出來才行。

找個人聊聊吧，或者拿筆記錄下來。想想哪種方式能讓自己更放鬆地傾吐發洩。

並不是所有壓力都能被自己清楚察覺。也有透過訴說或書寫，才發現「啊啊，對喔。原來這種事會讓我很難受啊」的案例存在。

所以必須**將心中苦悶沉重的情感以文字或語言「結晶化」，藉由傾吐開始療癒內心的傷痛**。

事實上，「哭泣」同樣也能達到發洩的效果。別壓抑想哭的衝動，想哭的時候就狠狠地痛哭一場吧。

**哭吧，哭吧，只要哭到盡興，沉鬱的心情就會如雨後天晴般痛快舒暢。因為哭泣也具備洗刷壓力的效果。**

感到悲傷時，覺得舉步維艱時，毋須忍耐只要放聲哭出來就行了。這麼做反倒不容易累積壓力。

哭哭啼啼的不顯得很軟弱沒用嗎？

不是的，這是非常自然的事啊。哭泣流淚都是為了調節自己的情緒。

還有另一種方法，就是「吐氣」。

平常呼吸時，都不會特別注意吸氣與吐氣吧。但想把壓力發洩出來時，就必須深吸一口氣，再悠長地將這口氣緩緩吐出。

不管是發出「哈啊——」或「吁——」的聲音都無所謂。請盡可能做到「再也吐不出更多了」的程度。想像著將體內汙濁的、不好的東西全部排出，伴隨著這口氣吐得一乾二淨。

在悠長地吐氣後，才能吸入更多氧氣。隨著吐氣這一動作，負面情緒也會一併排出體外。把不好的東西全部吐出來，新鮮的空氣才會充滿你的身體。在吞吐呼吸間，就能輕鬆完成情緒的轉換。

## ●放鬆技巧的要領2　傾吐負面的情緒

①向人傾訴
②書寫記錄
③哭泣
④深呼吸，大口吐氣

## ▼放鬆緊繃的背部肌肉

現在就讓我來傳授因駝背姿勢造成背部、肩膀、脖頸緊繃不舒服的緩解方法吧。

### ●坐著進行搖擺運動

①坐在椅子上，挺直背脊不要靠著椅背。

②掌心貼在腰後側，小幅度左右擺動腰部。一開始時會覺得手的溫度較高，請持續擺動直到腰部的溫度提升。

③接著請把手心貼在肚臍與胸口之間，小幅度左右搖晃。

④再把手心貼在鎖骨下方左右按壓，或是來回觸摸按壓。

### ●躺著進行金魚運動

①呈仰臥姿勢。雙腳張開與肩同寬。
②雙手在後頭部交疊。此時，手肘稍微抬起不要貼在地板上。
③交疊的雙手與腰部小幅度輕輕扭動。想像著自己是隻金魚在水中優游的模樣。
④無法順利扭動腰部的人可以試著屈起膝蓋，在腳掌處放一顆抱枕讓腰部稍微抬高，這麼做更利於動作。

專業的整體師或按摩師傅在幫顧客放鬆緊繃的肌肉時會用力施壓，但自己運動舒緩時並不需要大動作扭擺腰身，小幅度扭動更能達到效果。
僵硬的部位在觸摸時會感到冰涼，但只要放鬆緊繃的肌肉，溫度也會隨之提升。

## ●放鬆技巧的要領3　放鬆緊繃的背部肌肉

①小幅度擺動身體
②讓身體變得溫暖

## ▼按摩小腿肚以促進血液循環

有人因「起立性調節障礙」而對晨間時光感到特別痛苦，其實血液循環不良也是原因之一。因血液容易囤積在雙腿處，導致無法輸送到頭部。為了促進血液循環，最好能多按摩小腿肚。

首先坐在地板上讓雙腿呈放鬆狀態，接著請摸摸你的小腿肚。在沒有用力的情況下，是不是摸起來硬硬的呢？

可能有人會以為這是肌肉，但在腿部放鬆的狀態下肌肉並不會用力，摸起來應該是柔軟的觸感才對。

小腿肚有「第二心臟」之稱。是因為在體內循環的血液從腳部向上流時，繃緊的小腿肚肌肉便作為幫浦，負責將血液推回心臟。

若小腿肚的肌肉在沒有出力的情況下仍然硬硬的，就表示血液都沉積在此處，也就是血液循環不良了。

若血液循環順暢，早晨的低血壓就能得到調整，減少暈眩或頭痛等症狀。

接著就來嘗試看看下面的按摩方法吧。

①以由下往上的手法，雙手從左腳腳踝至膝關節的下方慢慢按壓揉捏。

②左腳結束後，以同樣的方式按摩右腳。

藉由按摩鬆緩僵硬的肌肉，使小腿肚恢復推送血液的力量，促進血液循環。按摩還可以去除腿部浮腫，讓雙腿看起來更纖細修長。

**●放鬆技巧的要領4　按摩小腿肚**

①硬邦邦的小腿肚就是血液循環不良的證明。

②從腳踝到膝下，以由下往上的方式捏揉。

## ▼調整生活的節奏

為了讓身心都能得到休息，充足的睡眠是非常重要的關鍵，但也不是什麼時間入睡都可以。例如夜晚清醒、白天睡覺這種日夜顛倒的生活作息就會擾亂生理時鐘，使自律神經系統錯亂。

因為要調整體內的節奏，每個人的身體裡都存在好幾個生理時鐘。當生理時鐘感應到「早晨到來了」時，就會催促交感神經開始運作。

但若是白天夜晚都待在拉上窗簾的房間裡，到了副交感神經活躍的夜晚時段還沉迷於上網、打電動，白天則用來睡覺的話，生理時鐘就會產生混亂，自律神經系統也會喪失調節生理機能的能力。

早上起床時請拉開窗簾，讓外頭的陽光灑進室內。接受朝陽的洗禮對於調整生理時鐘有非常大的助益。

吃早餐同樣也能達到調整生理時鐘的效果。從睡夢中醒來，攝取可為身體帶來滿滿能量的食物，自律神經系統會透過這一舉動，向身體各部位的細胞傳達「活動時間開始」的信號。

同樣地，保持固定的午餐時間、晚餐時間和入睡時間，都是維持自律神經系統平衡時十分重要的環節。

從小開始，大人總是不斷在耳邊叨念「生活要規律才行」。應該有不少人對這種說法抱持著「這麼做到底有什麼意義啊？」的懷疑態度吧。其實保持規律生活的意義，就在於不打亂生理時鐘導致身體機能失調。

因身體不適經常向學校請假的群體中，「晚上睡不著」的狀況占了極大的比例。不是試圖入睡卻怎麼也睡不著，就是夜裡會醒來很多次。所以早晨總是爬不起來或是白天裡動不動就想睡覺。

原因之一可能是身體沒有得到充分活動的關係。

白天時段最好能透過適度運動，燃燒體內的熱量，身體感到疲倦的話，到了夜晚自然就能安然入睡。

十幾歲青少年的身體裡滿滿都是精力。如果一整天都足不出戶，體內的能量就無法得到紓解，全身上下依然能量飽滿。即使大腦或精神迫於壓力已經感到疲憊不堪，身體卻還是充滿活力，也就導致了身心失衡。

累積在體內的多餘能量也是造成自律神經紊亂的原因。

此外，缺乏運動同樣會造成血液循環不良，本該流動的血液容易囤積在下半身。早睡早起，營養均衡的三餐，再加上適度運動來調整生活節奏，就是讓身心靈都能舒適愉快的基本法則。

## ●放鬆技巧的要領5　調整生活的節奏

①在規定的時間起床

②接受早晨的陽光洗禮

③一定要吃早餐
④適度的運動

## ▼拋開自以為是與固執己見

容易焦慮不安的人，對自己必然有過於苛刻的一面。

因為心裡認定了「非這麼做不可」，總是給自己設下更高的門檻。

然而當事情的發展不如自己的預期，就會自怨自艾地認為「我是個沒用的人」，一不小心就陷入「這樣的自己毫無價值」的負面思維中。

這是因為太執著於追求完美的關係。

無論何時都只想著「必須考到一百分才行」，這樣活著實在太累了。如果是考試還有正確答案可供參考，但在日常生活中多的是「不知道什麼才是正確解答」的狀況。什麼都想追求一百分，原本就是一件不可能的任務。因為擅自決定「非做到不可」，養成在心裡指摘自己的習慣，其實只要明白自己本來並不需要承受這些痛苦，一切都會慢慢有所改變。

請拋開「非這麼做不可」、「本來就該這樣」的固執想法吧。

打個比方，當你認定「一定得去上學才行」，在拚命忍耐的同時卻感到愈來愈痛苦，甚至對身體健康造成了影響。

明明在學校遭到霸凌，沒道理還得硬逼著自己忍受痛苦繼續上學啊。你可以選擇轉學，即使不去上學，也有其他很多辦法可以解決。

**真的感到痛苦時，逃避也是可以的。不，為了保護自己，你必須逃開才行。只要能好好活著，以後就還有無限的可能性**。

「非得那樣不可」、「只能這麼做」都只是你個人的臆想，世界上並沒有非得如何不可的事。

遲早有一天，你得拋開那些自以為是的觀念，所以才需要學習如何坦然接受自己現在的狀態。

「上學好痛苦，我沒辦法再繼續下去了。」你必須接受自己所感受到的現實。無法上學不是什麼十惡不赦的事，無法上學的你也不是沒有價值的人。再說了，學校也不是什麼得拚盡全力非去不可的地方啊。

沒辦法把事情做好不是什麼可恥的事。最重要的是坦然認同做不到的自己，並接受這樣的自己。

● **放鬆技巧的要領6　拋開自以為是與固執己見**

①不再抱著「非得那樣不可」、「只能這麼做了」的想法

②坦然接受自己現在的狀態

## ▼展望未來

一走進鬼屋，就會發現裡面真的是一片黑暗，伸手不見五指。

因為黑漆漆的一片，才更讓人感到害怕。如果裡頭很明亮，能一眼看穿什麼東西會從哪個地方冒出來，就一點都不覺得恐怖了。

換句話說，人在看不見前方的景象，處於不知道接下來會發生什麼事的狀態時，感受到的恐懼也會成倍數增長。

不安也是如此。如果前方的道路通透明亮，焦慮不安的情緒便能舒緩許多。

被霸凌實在太痛苦了，想逃避這樣的痛苦，於是經常向學校請假不去上課。當眼前只有「必須去上學才行」這單一的選項時，人就會感到絕望。「我一點都不想去學校啊。」如果能自己選擇去或不去，肯定不會選擇去上學。所以最後才拒絕上學，橫衝直撞地逃向成為家裡蹲的這條路。

沒有人會覺得拒絕上學、成為家裡蹲很好才刻意這麼做。是因為看不見前景，太過不安才不得為之的無奈之舉。

但如果還有其他選擇，你怎麼看？

「要是被霸凌的話，只要換間學校就好啦。」

「就算不去上學，還有函授教育啊。」

「可以選擇自由學校啊。」※

如果有管道能掌握這些資訊，前方的路一定會變得更明亮開闊。當事者也可以轉換心態面對眼前的狀況。至少不會深陷在絕望的泥沼裡。

為了能確實展望未來，「掌握情報」就變得無比重要。

年齡多出你們好幾倍的大人，可比你們掌握了更多能展望未來的情報。所以請豎起耳朵，認真從掌握未來情報的大人口中，挖出更多對自己有利的訊息吧。

此外，還有另一個方法可以讓前方的路途變得更平坦明亮。

那就是預先演習。要著手進行某些令自己不安的事之前，可以先來一場模擬實踐，預測會有怎樣的後果，等充分演習後再行動也不遲。

不管練習階段經歷了多少次失敗，只要在失敗之後思考該如何補救，加上不斷練習累積經驗，自然不會再感到恐懼。就像在鬼屋裡看清了妖魔鬼怪的真實模樣後，肯定不會再嚇到全身僵直了。

※譯註：日本的自由學校屬於民間機構，除了收容拒絕上學的學生，亦有支援、促進拒絕上學的孩子們繼續學習的目的，近來有更多自由學校吸納了不同的教育理念，作為新型態的學習場所。

●放鬆技巧的要領7　展望未來

①了解更多可供選擇的資訊

②透過模擬實驗加以練習，以最好的狀態面對挑戰

## ▼找一個可以諮詢煩惱的對象

十幾歲的你們所知道的世界還太狹隘、太有限。我沒有瞧不起人的意思，只是陳述事實。

「世界上沒有人能了解我的痛苦。」

你會這麼想，是因為還沒有拋開自以為是的觀念。

「我沒有可以諮詢煩惱的對象。」

不是的，或許現在確實沒有一個人可以讓你毫無保留地傾訴煩惱，但你一定會在某處尋找到可以放心訴苦的對象。

只是現在還沒有遇到罷了。

**不要再獨自一人煩惱神傷了，學著向人傾訴。一定有人可以跟你分享在前往未知路上走得更順遂的情報，讓你見識到從未領會的全新風景。**

懷著「我跟別人不一樣」的心態，只會讓自己愈來愈難和他人溝通交流。

例如「解離性障礙」會出現的幻聽、幻覺、妄想等症狀。很多人堅定地認為「我真的很奇怪」、「這麼奇怪的事，即使我說了，別人肯定也不會相信」，所以不願向他人求助，只能獨自一人痛苦煩惱。

但是，站在精神科專家的立場，這並不是多稀奇的大事。因為專家們知道只要集齊某些條件，就會輕易觸發以上幾種症狀。更知道該怎麼與患者聯手治療這些病症。

解離乃是指當事者無法承受現狀時的一種心理防衛機轉（↓61頁）。

出現解離症狀的人，總是憂慮「我會不會被其他人拋棄？」、「他們是不是討厭我？」之類的問題，只要沒有順應對方的心意，就會一股腦地認為「我一定傷到他了」，進而陷入恐慌。

因為太在意眼前的對象或周圍的人而產生「過度同調性」，也就是會不由自主地討好配合對方。長時間不斷配合對方的步調，不知不覺就逐漸分不清這麼做是基於自己的意志與考量，還是為了討好他人了。

長此以往，連「自己」的存在感都會變得愈薄弱。

譬如敏感氣質與生俱來的高敏族，若是在充滿理解與愛情灌溉的環境下生長，此一資質將會帶來疊加作用，使自身的才華開花結果；但如果過度敏感與負面思想相結合，再加上一直處在必須拚命壓抑忍耐的成長環境，就容易引發解離障礙。

已經出現解離症狀的人，最該做的一件事就是找個人分享自己的體驗。敞開心扉，有個能暢談心裡話的對象，才能讓自己有安身立命的充實感。若是缺少這一塊，治療就難以進行。

能讓自己卸下心防的容身之處，是能被他人的接納，在受到認可的關係中可以坦率表達自己的場所。

所以不要再獨自一人煩惱憂愁了，只要找個人聊聊，一定可以找到解決的方法。為了找到合適的諮詢對象，你必須主動打開自己的心扉。

嘴上不停嚷著「根本沒有人會來救我」，卻始終躲在緊鎖的心扉裡，當然不會有任何邂逅發生。

明明身邊就有可以諮詢煩惱的對象，有些人卻因為緊閉心門而錯失了伸到眼前的援手。

至今為止，我真的從很多人口中聽到「多虧了那個人，我總算從那條痛苦的黑暗隧道中掙脫出來了」這種發自肺腑的真心話。

所以學著敞開心扉吧。這個世界上，一定會有理解你的人。

### ● 放鬆技巧的要領8　找一個可以諮詢煩惱的對象

**①這個世界上一定有能給你建議的人，同樣也會有讓你放鬆身心的所在**

**②敞開心扉！**

## ▼由自己選擇生活環境

社群網站或許是令你痛苦萬分的裝置，同樣也可能是讓你多一條生路的好所在。就算學校裡沒有可以放心依賴的朋友，也能在社群網站上認識為相同境遇或特質所苦的伙伴，在對方身上找到共鳴，成為彼此的依靠。

這是現今這個時代最教人嘆為觀止的一點。

讓你感到痛苦的人，就沒必要再把對方當成朋友，更毋須勉強跟對方交際往來。朋友真的是愈多愈好嗎？這種事又是誰決定的呢？

**值得拿出真心交往的朋友，其實只要一、兩個就足夠了**。

對方究竟適不適合當朋友，這一點你應該能夠判斷。

同樣地，你也可以自行判斷與家人之間的關係。如果會讓你感到痛苦，就沒必要強迫自己與父母相處。

為什麼我會這麼說呢，因為家庭問題而背負了巨大壓力的人不在少數。

由於雙親關係不睦、離婚、再婚等造成家庭環境變動，而直接受到影響必須承擔這一切的可是孩子啊。也有父母都在身邊，卻一再過度干涉、束縛，令孩子痛苦到難以忍受的案例存在。

即便是受父母養育的未成年，也沒必要強行忍受會給自己帶來痛苦的生活環境。「一個安心且安全的環境，是為了讓自己能擁有更好的生活」，當事者當然可以選擇自己所需。這一點請務必牢記在心。

身邊若有個成年人可以商量，或許能告訴你不同的選擇可能會帶來怎樣的結果。父母、家人都很重要，朋友當然也很重要，但同樣也得更重視自己才行啊。

## ● 放鬆技巧的要領9　由自己選擇生活環境

①對你來說，現在所處的環境是「安心且安全」的場所嗎？

②就算是未成年人，也可以自己選擇生活環境

## ▼將注意力放在人類以外

人為什麼會為壓力所苦呢？究其原因，無不是與「人」有著千絲萬縷的關係。與他人相比孰高孰低、別人又對自己做了什麼……，人類無法獨自在這個世界上生存，但正是因為必須不斷接觸人群，才會產生壓力。

所以如果想消除壓力，「將注意力放在人類以外的地方」也是不錯的方式。例如與動物接觸。和寵物一起玩耍時，感覺整個人都被治癒了。無論是貓狗、兔子、小鳥都可以。建議養隻寵物，多花點時間照顧陪伴。

不是只有在想到的時候，才一邊說「好可愛、好可愛」，一邊擠出時間與寵物相處，而是要定時餵食，幫忙處理排泄物，要認真照顧才行。

飼養寵物是必須負起責任，照顧牠一輩子的終生事業。如果忘記餵食，小動物可是會虛弱致死的。

身邊有個得費心思照顧的小生命，就不會滿腦子只顧著煩惱自己的事，也能從只有自己一人的封閉世界向外踏出一步，獲得與過去截然不同的新鮮體悟。

不管再怎麼寵愛對方，也有可能無法順利傳達出自己的善意，或者一再告誡牠不能這麼做，但寵物偏偏不如你意，做出讓人頭疼的事。在學著包容接納的過程中，你會發現不只是你有自己的問題要面對，寵物也有屬於牠自己的狀況。這一點不管是人或動物都一樣。慢慢地你也能站在對方的立場，為對方的情況考量。

照顧寵物，就是為了培養這份理性。

為了給予更妥善的照顧，必須調整好自己的生活節奏。帶小狗出門散步時，自己也能呼吸到外頭新鮮的空氣，享受陽光的洗禮，調節體內的生理時鐘。

或者把眼界放大一點，對大自然產生興趣也是不錯的選擇。

喜歡大海的話，就會開始關心海中生物的生態系統。凝視天空時，可能會對雲朵、天氣感到好奇，或者對星星、月亮、宇宙產生嚮往，總之先試著將自己的視野放得更遠大一些吧。

這麼一來，你對事物的見解、認知也會有所改變喔。

以宇宙的規模來審視人類，就會覺得人類實在太渺小了。在時間的長河中，人類的歷史猶如滄海一粟，根本不值一提。人的一生更是轉眼即逝。

當你吸收了更多知識，就能以俯瞰的角度，冷靜面對困擾著自己的問題。

就從探索自己的喜好開始吧，或許這麼一來你也能尋找到自己喜愛的世界。這也是發掘真實的自己所要踏出的第一步。

**● 放鬆技巧的要領10　將注意力放在人類以外的地方**

①接觸動物

②多關注大自然

# 8

# 學著喜歡自己！

我這個人有什麼好的呢？
成績不怎樣
朋友沒幾個
長得又矮小
妳為什麼願意跟我交朋友呢？
什麼？
因為我身上有那麼多的缺點……
這不是理所當然嗎？
如果完全沒有缺點反而才恐怖吧？

不管是優點，
還是缺點，
全都是妳的
一部分啊。
我就是喜歡
這樣的妳，
才會成為
妳的朋友嘛。
妳要學著
更喜歡自己才行啦。

## ▼你喜歡自己嗎？

最後，我還有一件重要的事想告訴大家。

這件事就是「要更加喜歡自己才行喔！」——總結本書的中心思想，就是希望大家都能把變得更喜歡自己當作現階段努力的目標。

你現在可以自信地說出「我喜歡自己」這句話嗎？

我想應該很多人會歪著頭思索答案吧。

「那個也做不好，這個也完全不行，我在這一方面真的很糟糕……。」

把全副注意力都集中在自己的缺點上，我想多數人給出的回答應該是「我真的很討厭這樣的自己」吧。

其實不只是你，這幾乎被當作是全體日本人的共同特徵。

喜愛並且看重自己的感情被定義為「自尊心」。與外國的小孩相比，日本孩子整體的自尊心較為薄弱。尤其在邁入青春期的十幾歲年紀，很多人的自尊心在這個時期更有明顯衰微的趨勢。

與自尊心緊密相連的是「自我肯定感」。意為認同並接受自己的存在。

當自尊心衰微，加上缺乏自我肯定時，除了對自己沒自信，在待人接物方面也很難提起幹勁。總是把「這種事我怎麼可能做得來嘛」掛在嘴邊，輕易就選擇了放棄。

更甚者也許會感受不到活著的意義與價值，甚至做出自殘的舉動。

原本該是對未來充滿夢想與希望的十幾歲青少年卻厭惡自己的存在，對人生感到絕望。這是多麼悲哀的事啊。

我想盡自己的一份心力為大家做點什麼。希望你們能以更積極的態度好好生活。如果能讓你改變想法，覺得「人生真是有趣，活著其實也沒有那麼糟啊」就好了。

為了達成這個目標，我想再也沒有比「加倍喜歡自己」更好的辦法了吧。

## ▼自我信念與協調性

為什麼日本青少年的自尊心和自我肯定感會如此薄弱呢？

思索可能的原因時，浮現在我腦海中的關鍵字就是「自我信念」。

現今的社會，不把自我信念當一回事的人愈來愈多了。

當「自己」與「他人」的概念悄悄在心中成形時，我們也將從孩提時代以自我為中心的主觀世界慢慢進化成意識到群體關係的客觀世界觀。人們將這中間的轉折稱為「青少年之壁」，也是從這個時候開始，你會在與他人的關係中尋找到自己的重心，孕育屬於自己的信念。

可是一旦對自己產生過於強烈的負面情緒，承受過多的焦慮不安，就無法認同、肯定自己，更別說讓心靈支柱茁壯成長了。

加上動不動就把評判標準交由別人處理的壞習慣。如同第四章的內容所述，這樣真的很容易演變成「欠缺自我」的狀態。

時至今日，有這種情況的人也愈來愈多了。

另一個不可忽視的關鍵字則是「協調性」。

日本社會非常重視協調性，自古以來始終秉持著「以和為貴」的思想，是以尊重「和睦共處」為文化素養的國家。也因此形成了這股「不要做出異於常人的事」的風氣。如果做出什麼引人側目的事，很容易出現「槍打出頭鳥」的狀況。

即使感覺有哪裡不太對勁，比起直接出聲指摘，還是會盡量選擇息事寧人。

總是擔心自己的行為舉止是不是太出格了、難以表達自己的想法……。在懂得區別自己與他人的自我信念養成時期，若習慣了這樣的思考模式，就會非常害怕自己不同於其他人，以為只要不表現出自己的真性情就不會惹人非議了。

無法展現出真實的自己——這一點也與自我信念薄弱有著不可分割的絕對關係。

自我信念薄弱的人會變得愈來愈不了解自己，所以才沒辦法喜歡自己。

## ▼別人很重要，但自己也很重要

日本是個狹小的島國。即使彼此掛念也不會當面把話說清楚，反而更喜歡以「察言觀色」的方式表達關心，這樣的文化特質也伴隨著日本走過漫長的歷史洪流。正因為是這樣的國家，所以更尊重人與人之間的協調性。

再說到美國那種容納了來自世界各地的人種、不同民族的多元社會，為了讓價值觀不盡相同的對象也能理解自己的想法，首要之務便是清晰明確表達自己的意見。因歷史、文化、社會結構的不同，對當地人民的要求自然也有所不同。同時還會以當地的文化、價值觀為基礎施行教育。

長期居住在國外，再回到日本的孩子多半都很難融入日本的學校體系。雖然同樣是日本人，也會因成長環境不同而有所差異。

為了與國際接軌，很多時候必須和文化、價值觀相差甚遠的人共事，日本的教育體系也不斷推陳出新。然而對於協調性的要求，卻幾乎沒有太大的改變。

為什麼會扯到這些呢？因為我希望你能明白一點，如果你無法在眾人面前展現真實的自己，也不用太鑽牛角尖認為一定是自己個性的問題。

這原本就是屬於日本人的特徵，你應該擁有更開闊的視野，完全根本沒必要拿這種問題來苛責自己。

其實協調性也能為社會帶來非常多好處，例如集結眾人之力一起完成某件事的超高效率。人聚集在一起形成社會，其中協調性究竟有多重要已不言而喻。

只是當協調性過於膨脹時，等量的壓力便隨之而來。那是強行要求你「必須跟大家一樣」的蠻橫力道。

如果是自己主動去協調倒還無所謂，但在集體活動中被強制要求只會讓人感到困擾。因為與作為「個體」的自己之間產生了隔閡，才會倍受折磨痛苦不堪。

要明白「別人很重要，但自己同樣也很重要」，這是千古不變的真理。

**當你太在意周圍的情況、被身邊的人搞得焦頭爛額時，請先深呼吸一口氣，告訴自己「別人很重要，但自己也很重要」，同時靜下心來仔細想想。那是不惜傷害自己，即使再痛苦難過都非做不可的事嗎？**

能夠保護自己的，只有你自己啊。

## ▼包含不好的特點在內，都打一個〇吧

無法喜歡自己的人會把自己認為不好的地方打上×作記號，「這個也×，那個也×，啊啊～全都是×」。就是抱著這種心思，才會對自己感到厭惡。

優點與缺點就像是一體兩面。世界上沒有全是陰暗面的人。無論是誰，一定都會有光明的一面。

生而為人，必會有過人之處，亦有缺憾。每個人的生命都有凹陷起伏。也是因為這種凹陷起伏，才造就了人性。

**不該是把好的地方打○、壞的地方打×，無論好壞都是○。包含懦弱無能的缺點在內，只要做最真實的自己就好——這就是自我肯定感。**

人都會想隱藏自己不好的一面。之所以想隱瞞，是因為還無法坦然接納真實的自己啊。

## ▼認同自己懦弱無能的一面

所謂的自我肯定感，並不是誇耀自己的過人之處。

有些人為了證明「我能做到」，經常勉強自己去做一些危險的事。

有些人會因為「我跟那樣的人交情很好」或「我有很多朋友」而感到驕傲自滿。

也有些人會刻意隱瞞自己的劣勢，將自己想像成無所不能的強者，耽溺在這樣的妄想中致使心態膨脹。

以上所舉的例子，都不算在自我肯定感的範疇內。

應該說完全顛倒。自我肯定不是逞強，而是坦然面對自己的弱點。對不夠優秀的自己、軟弱無能的自己都能心無芥蒂地給予認同。

「就算不優秀，但這就是我」——接納真實的自己，不再刻意遮掩，這才是真正的自我肯定感。

得不到他人的評價也無所謂，只要你能認同自己就可以了。當你可以接受現實中真正的自己，就能慢慢喜歡上自己了。

## ▼獨處時，不再孤單寂寞

大家都很害怕獨自一人的時候吧？

但是當你全神灌注地做一件自己喜歡的、想做的事情時，就算只有自己一個人也完全不會覺得寂寞對吧？

譬如，正在畫一幅自己很喜歡的作品，或是翻閱喜歡的書與漫畫時。

熱衷於某樣事物時，就不會覺得獨自一人有什麼可怕或寂寞。也不會太在意其他人，只想集中精神專注在自己喜歡的事情上。

對你來說，對某件事物如此沉醉忘我代表了什麼呢？

提升自我肯定感的關鍵就在於此。

全心投入自己喜愛的事物時，會感到身心愉悅。即使只有自己一個人，也完全不覺得孤單寂寞。因為那是發自內心，自己真正想做的事，那就盡情放手去做吧。

愉悅，充實，還增加了一點點自信。你會對這樣的自己格外滿足，這就是提升自我肯定感的關鍵要點。

你並不孤獨，這是作為一個個體學會自立自強的重要過程。擁有一個能讓自己全心投入的世界，你才會變得強大。

不是聽從別人的要求才去接觸，而是發自內心懷抱著「我想這麼做」的念頭並動手執行，這份心情才是最重要的。

依循自己的想法，下定決心去做的事、超越自己的事、或是由自己做出判斷親手完成的事都會慢慢增加。這樣的經驗不斷累積，你的意志也會愈來愈強大。

而心靈的支柱同樣會變得更厚實可靠。這就是自我信念。

**自我信念不是來自別人對你的評價，而是以你心中的標準來衡量自己。**

想養成自我信念，首先必須珍惜自己一個人獨處的時間，擁有愉快的從容心態才是重點。

## ▼「多虧了○○」，幸福不斷增加

面對阻擋眼前的困難時，若把全副注意力都放在痛苦失意的情緒上可沒完沒了。

不過在對○○很不擅長、沒辦法把○○做好而深感煩惱的現實背後，一定有「不過我可以完成這個」的過人之處。

有鑑於此，如果平時就把「都是多虧了○○」這句話當成口頭禪掛在嘴邊，應該會有不錯的效果。

例如高敏感族所擁有的超敏感氣質，在日常生活中或許會經常感到辛苦或容易受到傷害。

但是「多虧了」這份敏感，自己總是會注意到一些其他人根本不會發現的事。

除此之外，高敏感族也有十分優越的藝術天分，許多人都在不同的創作領域發揮自身的才華。這應該也可以說是「多虧了」天生敏感的氣質所帶來的好處吧。

敏感只會帶來痛苦，是自己的負面特質——會這麼想的人肯定是睜眼說瞎話，把多虧了敏感氣質才能做好的事視而不見了。

想認同不那麼優秀出色的自己，就不能閉上眼假裝什麼都看不見，請不要試圖遮掩自己不夠好的一面。

「多虧了／托福」在日語中隱含了因為這件事會有幸運降臨的意思。因此自然會湧現出「真是太好了」的感激之情。

「多虧了〇〇，才會有這樣的結果。真是太好了。」形成這種思維模式後，慢慢地就能學會肯定自己的人生。

「為起立性調節障礙所苦的日子真的很累，但多虧了無法上學的那段時間。正是因為克服了障礙，才會有現在的我啊。」

只要緊緊抓住「多虧了／托福」的概念，不管什麼事都能給予肯定，當作正面因素虛心接納。

「多虧了當時才會有現在的自己，那段艱難的時期在我的生命中也占了一席之地呢。」許多從閉門不出的家裡蹲狀態掙脫出來的人都曾這麼說過。

非常感謝父母為自己創造出能安心蝸居在家的生活環境，感謝即使無法上學也願意指導自己學業的那個人，訴說的都是關於心中「感謝」。

**當「多虧了／托福」的概念已經成為慣性思維中的一部分，自然會對周圍的人報以泉湧般的感謝之情。**

能心懷感激面對世事萬物的人，一定都很幸福。

幸福不是來自他人的施捨，而是隨著讓自己「開心」、「愉快」的事物不斷增加，悄悄降臨生命中的饋贈。

所以你也要努力喜歡自己啊。

增加「多虧了〇〇」、「真是太好了」的想法，讓自己的人生獲得更多快樂。這麼一來，你一定也能得到幸福。

## 結語　～改變活著好累的想法～

生活無論怎麼痛苦艱難，只要努力一定能有所改變。

一心「想要改變」卻遲遲無法改變的人，其實是還缺少了某些東西。

那就是**辨別清楚可以憑一己之力「改變」的事物和「無法改變」的事物**。

「如果不是這種對雞毛蒜皮的小事都斤斤計較、耿耿於懷的性格，我應該能過得更開心才對。」

「父母都不愛我。像我這樣的人，要是沒有生在這個家裡就好了。」

無論再怎麼哀嘆埋怨，都不會有任何改變。與生俱來的性格和家庭環境都是來自他人的給予。無法靠自身的力量撥亂反正的事，就是「無法改變的事」。

所以，或許你能試試這麼做。

「雖然還是會在意雞毛蒜皮的小事，但可以克制自己不要耿耿於懷。」

這是自己力所能及的事。「耿耿於懷」是一種心理習慣，當然可以依照自己的意志選擇繼續或放棄。

「我不想再被家人折磨了。等高中畢業後，我就要搬出這個家獨立生活。」

下定決心獨立生活，也是依照自己的意志所做出的選擇。

在感到痛苦的單一狀態中，混雜了「無法改變」的部分和「可以改變」的部分。如果因為「無法改變」的事而激發出愈來愈多的負面情緒，只會造成心理上更多的痛苦與憂愁。

該煩惱的不是「無法改變」的事，**應該把注意力集中在能靠自己「改變」的事情上啊**。

能靠自己的意志或努力去達成的事是什麼呢？這就得讓「自我信念」去一一發掘了。

**為了讓自己變得更好，此刻的你需要的是更多的「勇氣」**。

想要重獲新生，就必須先破壞現在的自己。

請回想一下孩提時代玩過的遊戲。不管是玩沙子或堆積木，為了改變現有的狀態，必須將已經成形的狀態破壞掉才行。

改變雖然令人心動雀躍，卻也存在著難以忽略的不安。改變之後或許會發生比現在更痛苦、更令人羞恥的事，說不定還會被其他人厭棄，這些可怕的壓力都是無可避免的附屬品。

我可能沒辦法做好，也許維持現狀才是正確的……。想著想著，就忍不住想踩下煞車。

但縱使再惶恐不安，依然毫不猶豫地迎向未知的狀況，是**因為相信前方一定會有比此刻更美好的未來在等著，所以才必須擁有「改變的勇氣」**。

經過一番震盪，終於脫胎換骨成為全新的自己，我把這段過程命名為「大反轉」。

改變自己是指**成為真正的自己，讓自己更接近心目中理想的狀態**的意思。

你們擁有無限可能的未來。你希望自己的將來會是什麼模樣？想像一下，然後努力朝著目標前進吧。

每個人都是誕生在這個世界上「唯一僅有的花朵」。將各自的特質發揮得淋漓盡致，綻放出名為自己的美麗花朵。不要死氣沉沉地等待凋零，要成為最鮮活的、最動人的那朵花才行啊。

來吧，鼓起勇氣。
只要昂首向上看。
張開雙臂，用力吸一大口氣。
讓大家看看你燦爛的笑容吧。
別擔心，你可以跳得又高又遠！
別擔心，你一定可以改變！

長沼睦雄

書封插圖、漫畫　いつか
書封設計　菊池 祐
本文排版　荒木香樹
企劃　阿部久美子

作者簡介

## 長沼睦雄

十勝むつみ私立醫院院長。北海道大學醫學部畢業，研修腦外科後專攻神經內科，取得日本神經學會認定的專科醫師資格。在北海道大學研究所完成神經生化學的基礎課程後，轉投向殘疾兒童的醫療領域，而後在北海道立兒童綜合醫療、教育中心專任小兒精神科醫師，任職長達14年。2008年起在北海道立綠丘醫院精神科任職，診療對象包含兒童與成人。2016年9月自行開業，專司發育性創傷疾病、高敏感族、機能不全家庭的孩子、神經發展障礙等診療。著有《解憂處方籤 日本心理名醫談壓力的洞察與釋放》（台灣東販）《開啟高敏感孩子天賦：兒童精神科醫師給高敏感兒家長的41個養育、照顧、陪伴提案》（三采）《高敏感者愛自己的19個練習》（如何）等書。



# 給明明年輕，
# 卻覺得活著好累的你

出　　　版／楓書坊文化出版社
地　　　址／新北市板橋區信義路163巷3號10樓
郵 政 劃 撥／19907596　楓書坊文化出版社
網　　　址／www.maplebook.com.tw
電　　　話／02-2957-6096
傳　　　真／02-2957-6435
作　　　者／長沼睦雄
翻　　　譯／林香吟
責 任 編 輯／江婉瑄
內 文 排 版／楊亞容
港 澳 經 銷／泛華發行代理有限公司
定　　　價／320元
出 版 日 期／2020年8月

國家圖書館出版品預行編目資料

給明明年輕，卻覺得活著好累的你 / 長沼睦雄作；林香吟譯. -- 初版. -- 新北市：楓書坊文化, 2020.08　面；　公分

ISBN 978-986-377-611-6（平裝）

1. 壓力 2. 抗壓 3. 生活指導

176.54　　10900